Austro-Hungarian Navy

K.U.K Kriegsmarine

A Pictorial History

Volume One

Sailors and Battleships

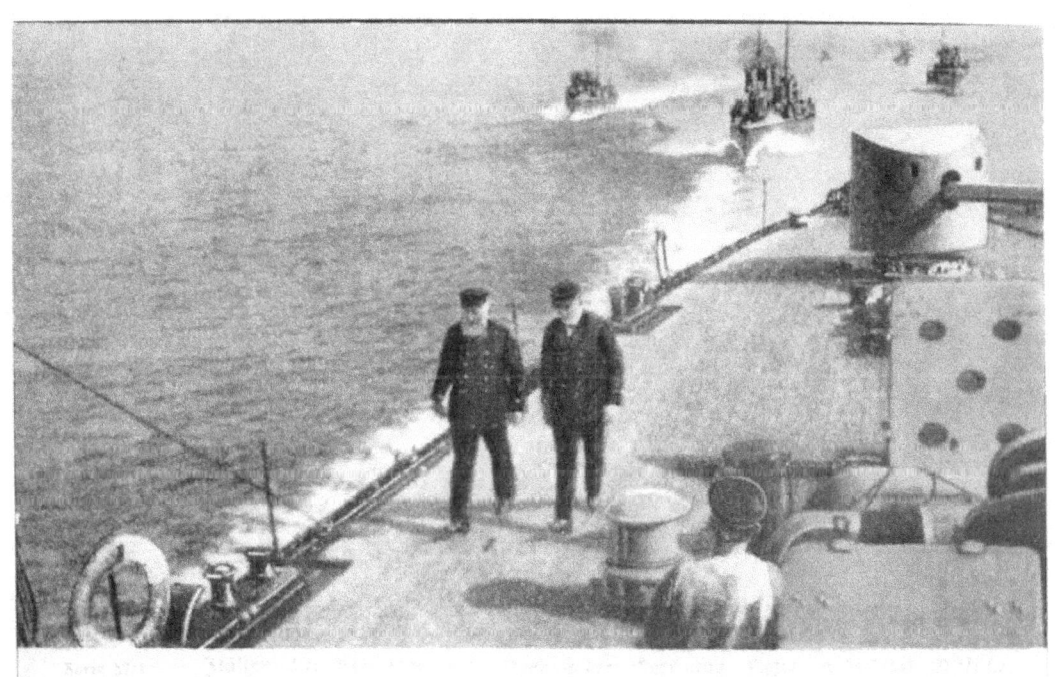

S.M. Schiff

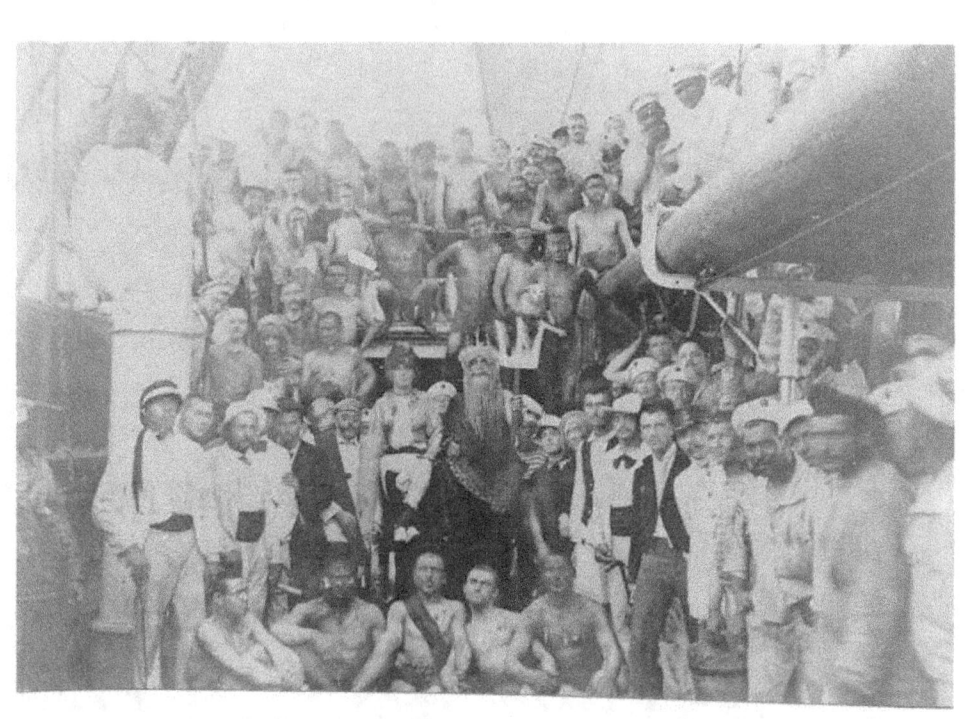

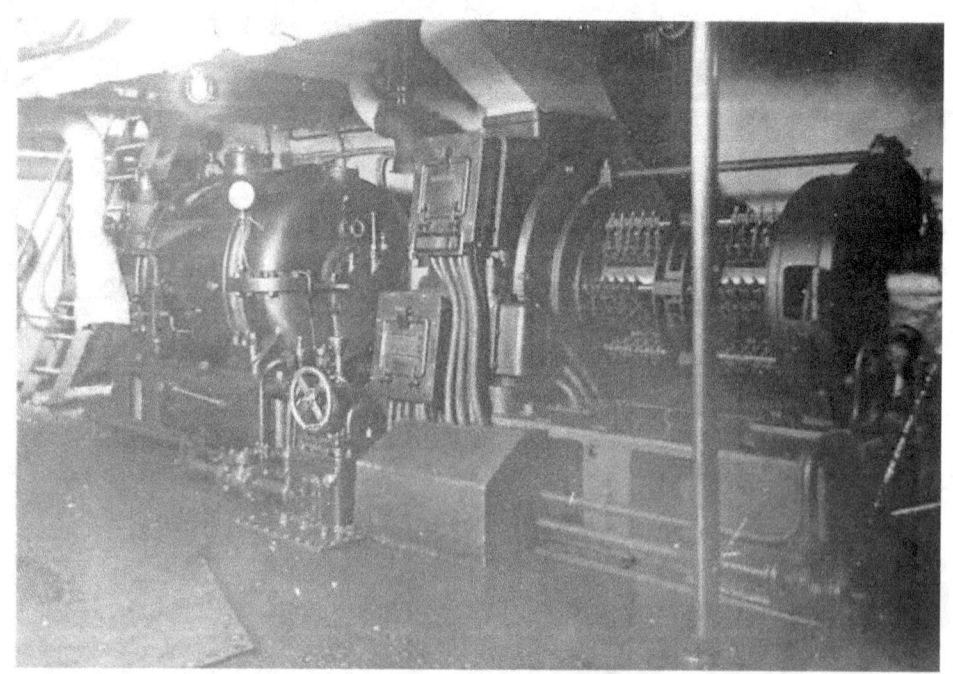

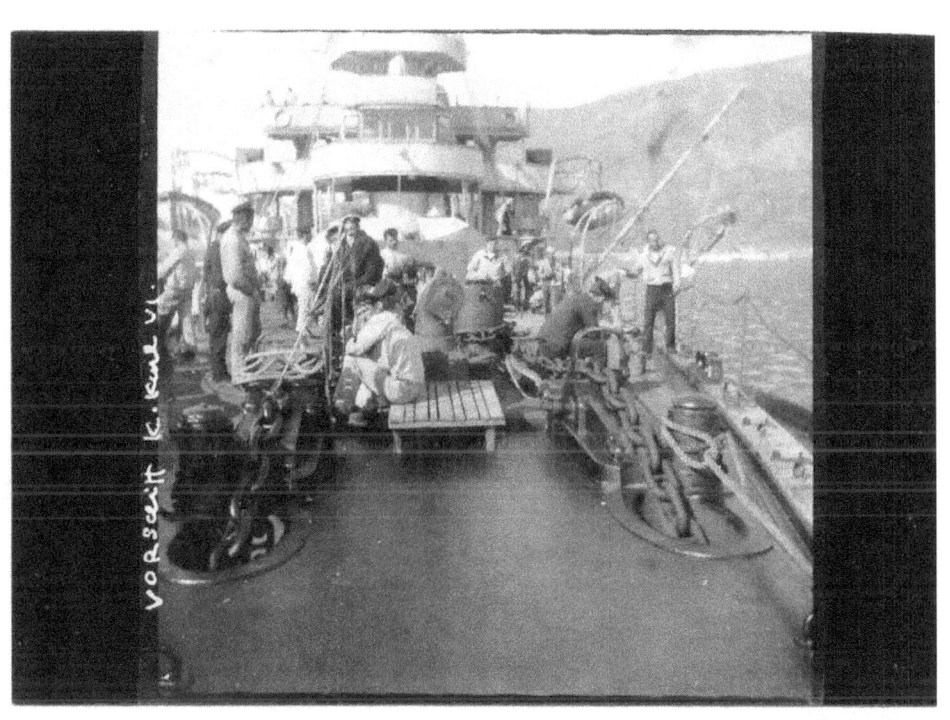

VORSCHIT K. KUL VI.

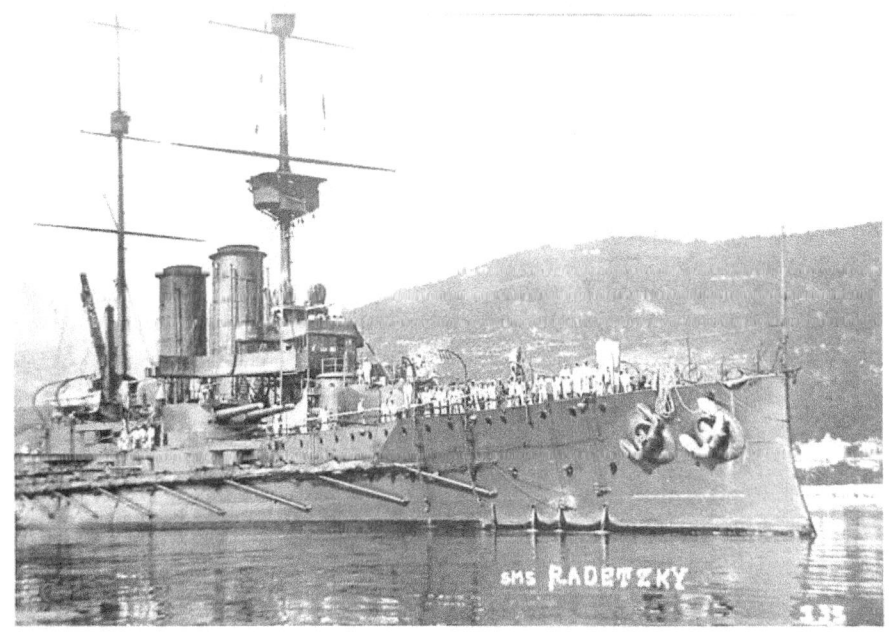

SMS RADETZKY

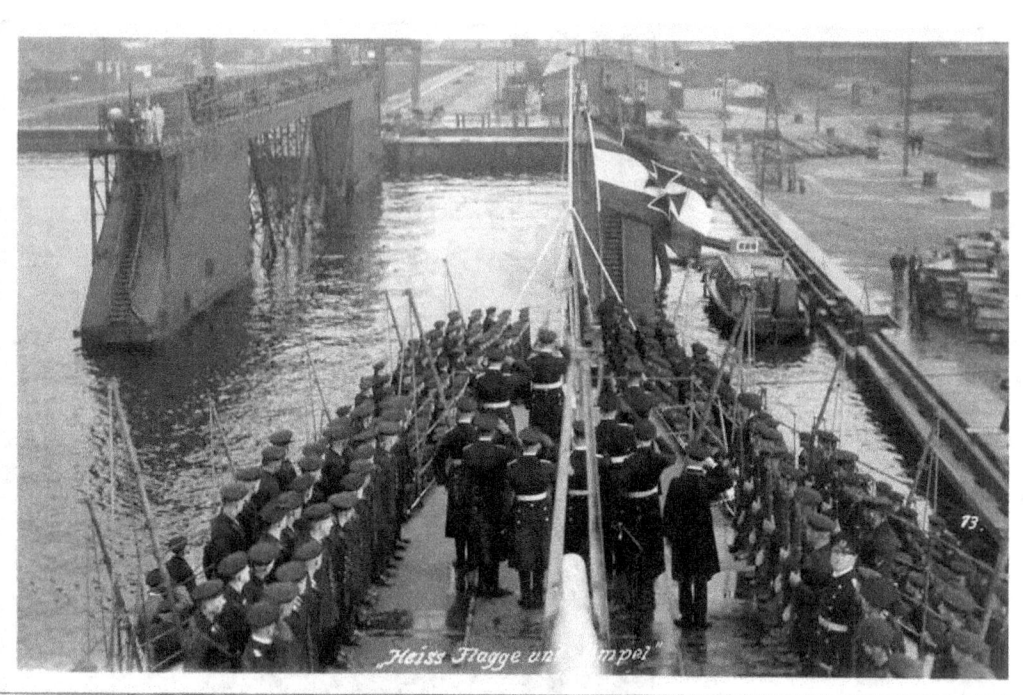

Heiss Flagge und Wimpel

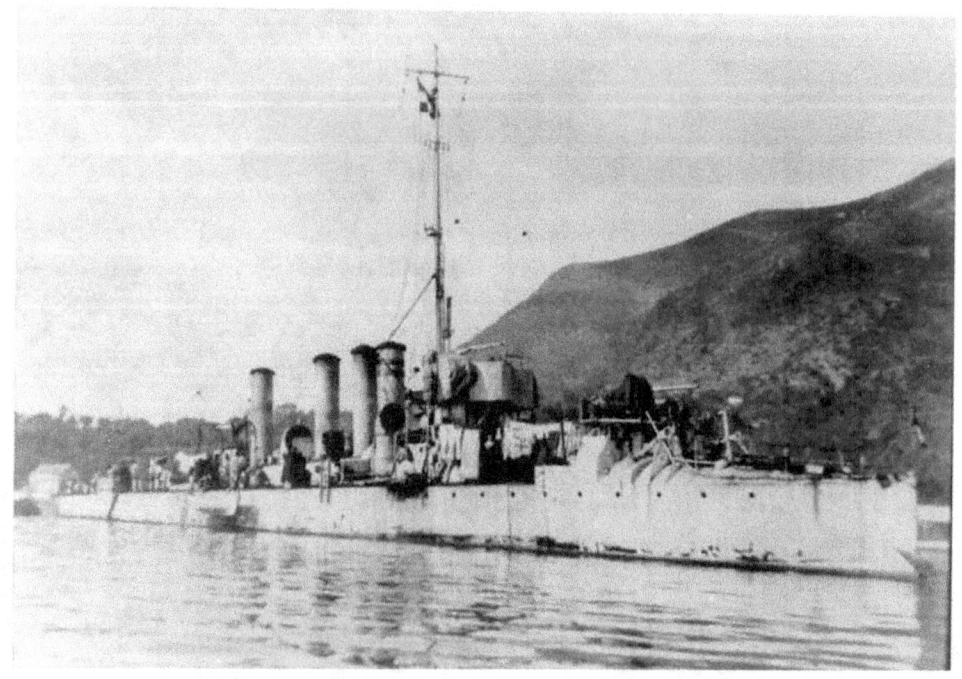

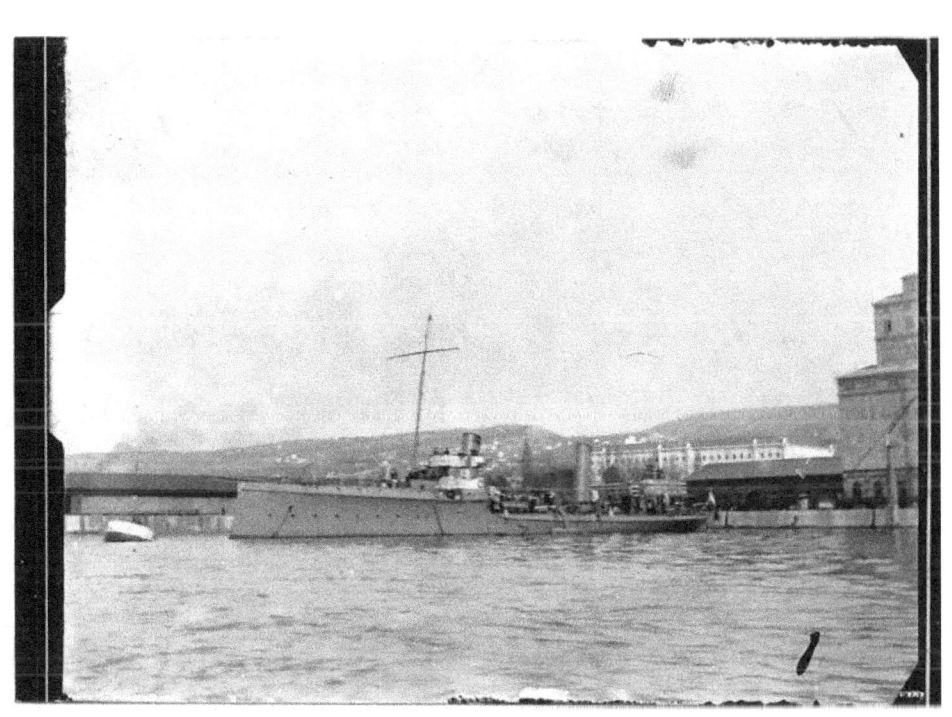

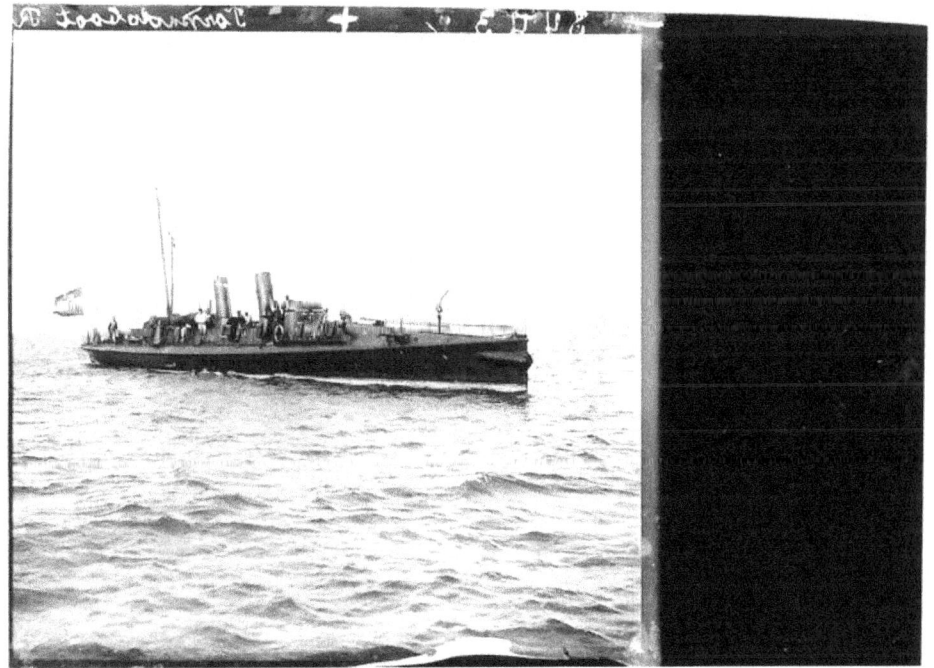

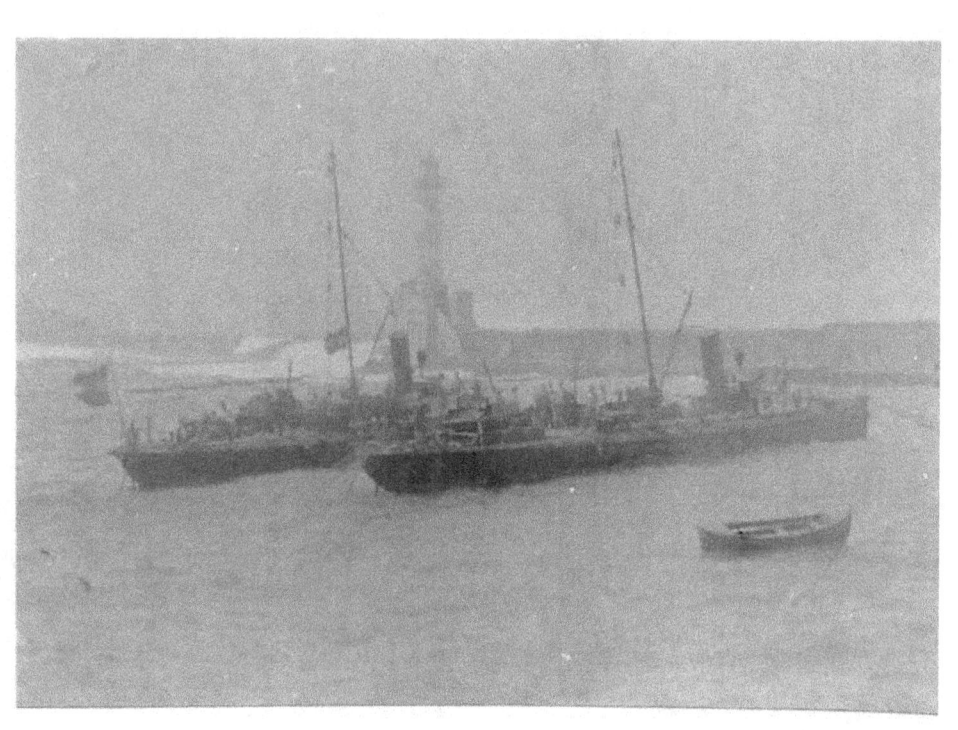

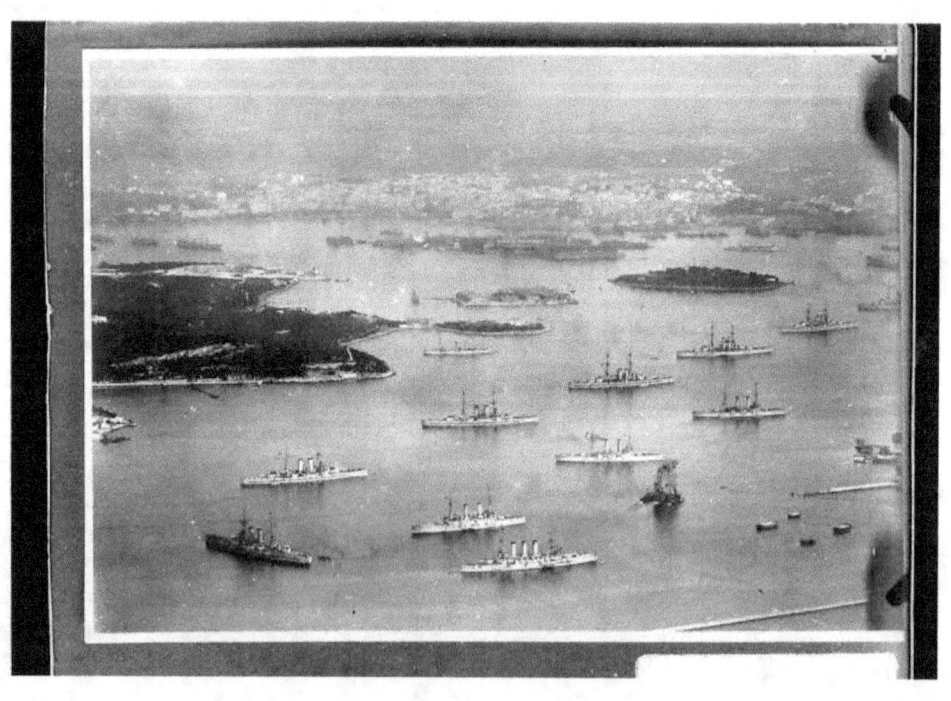

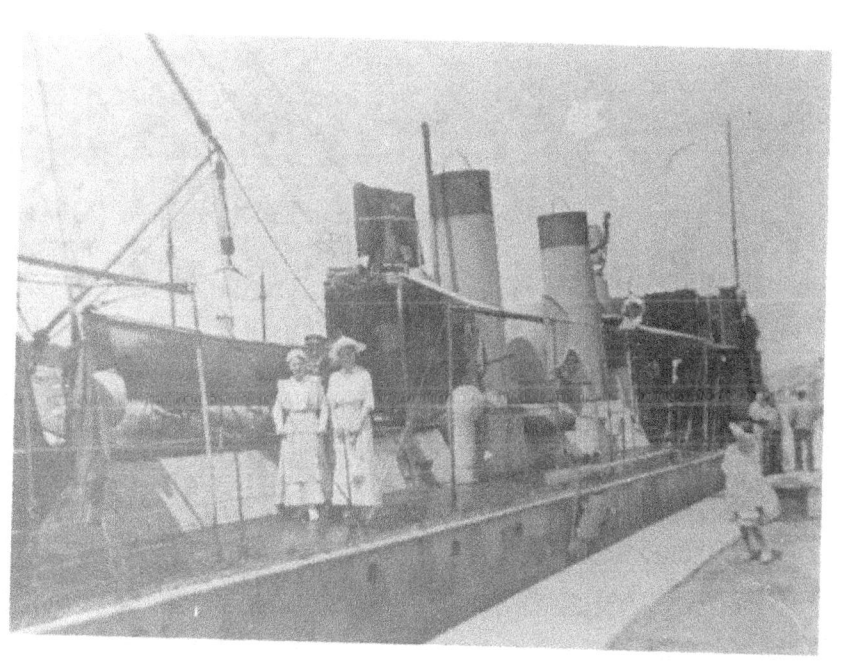

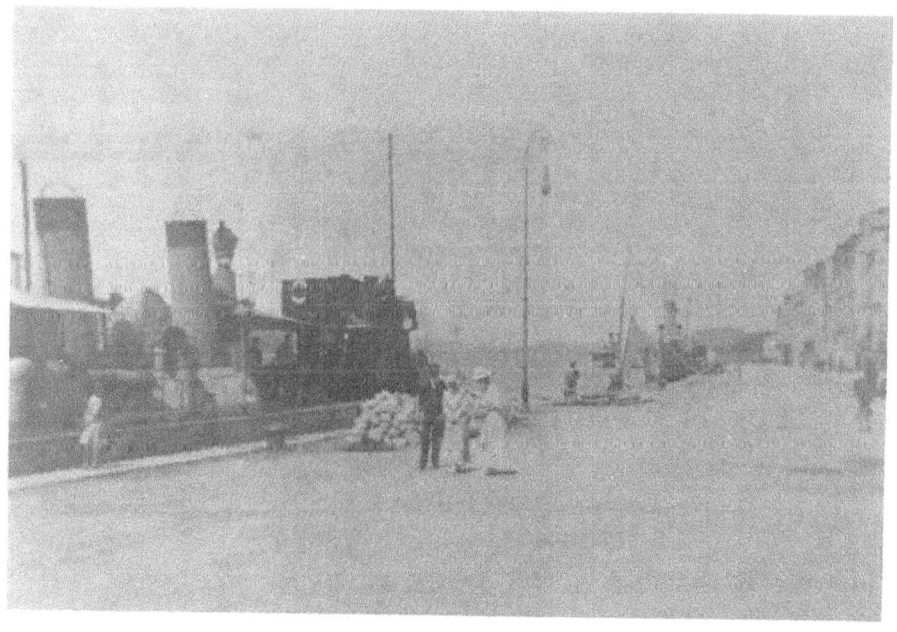

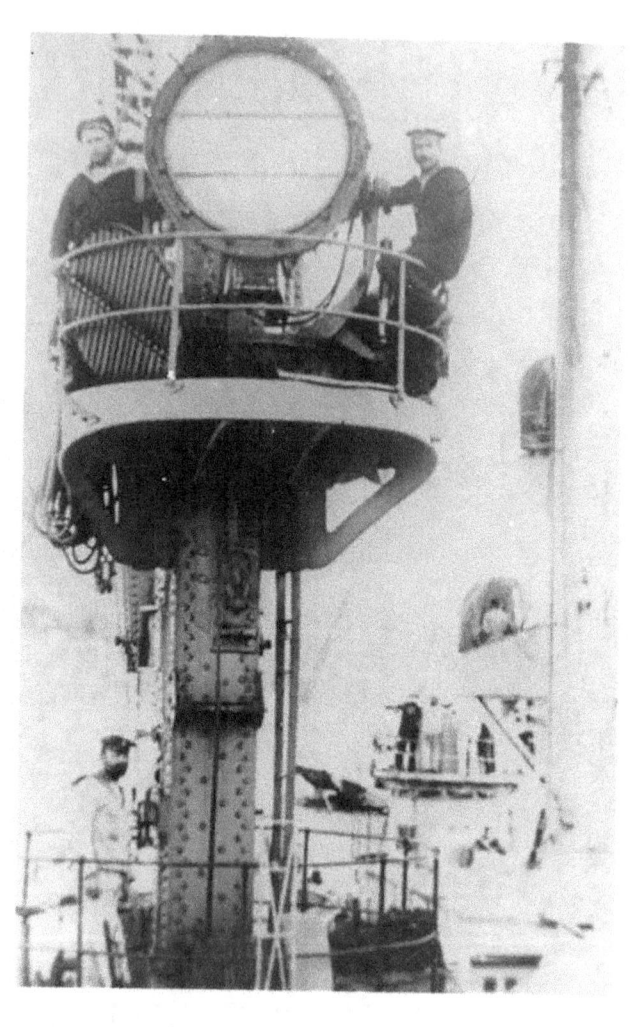

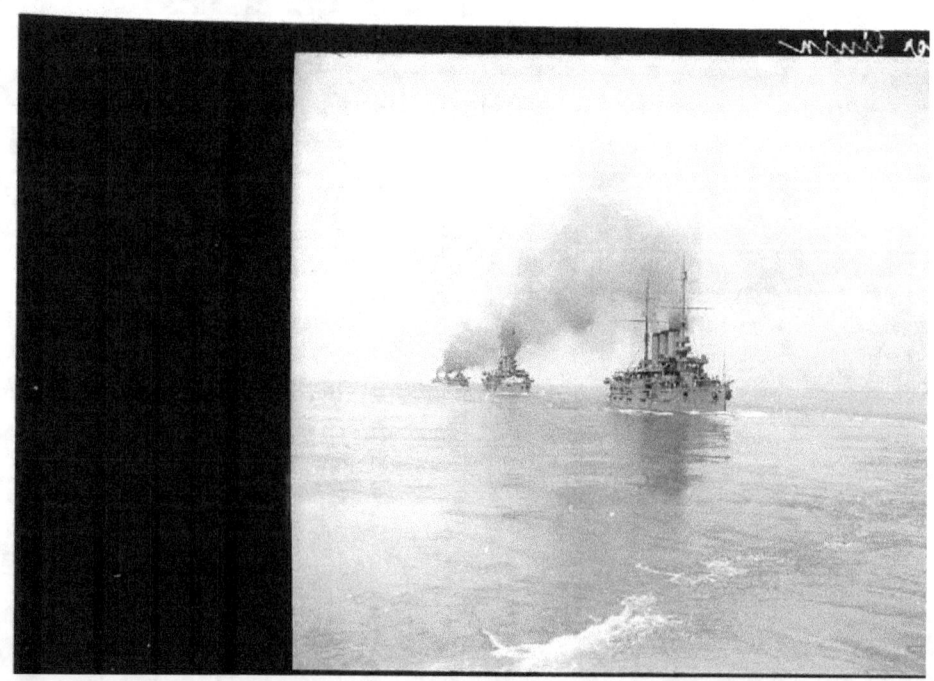

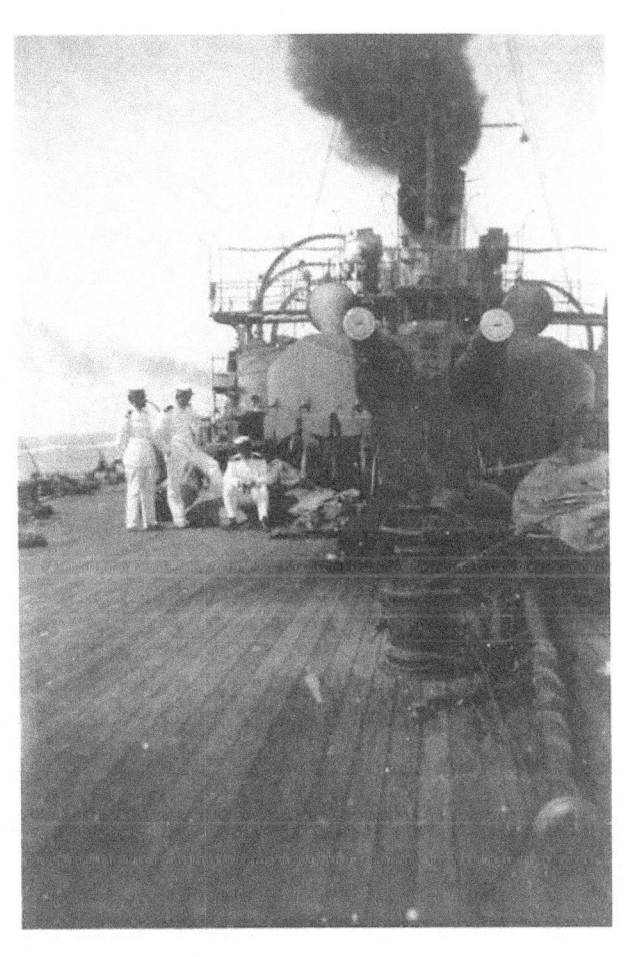

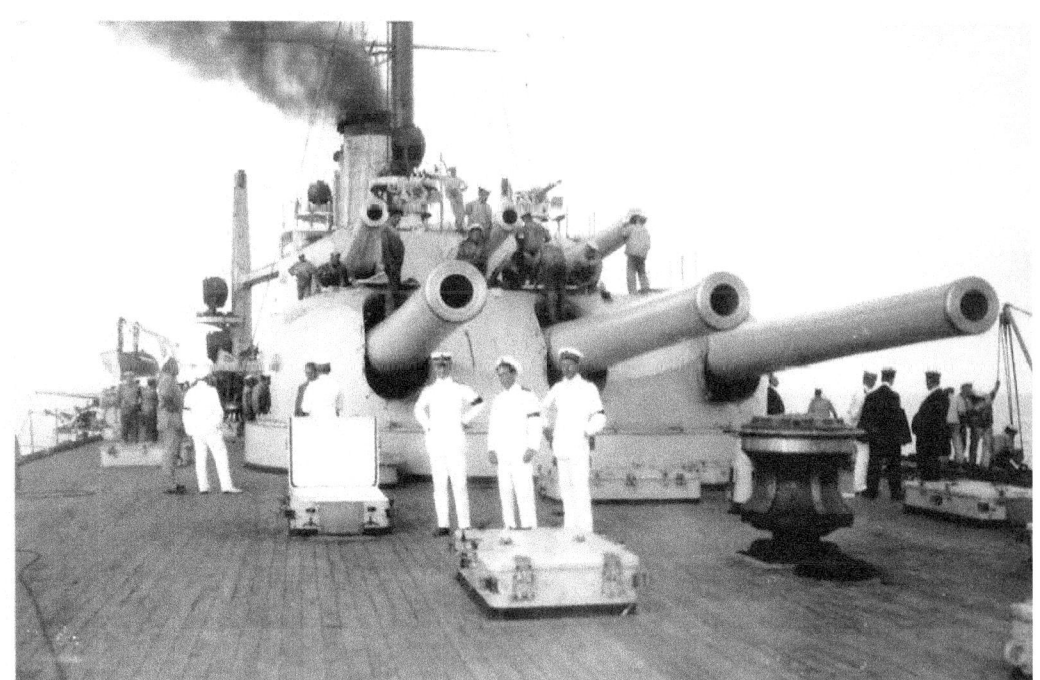

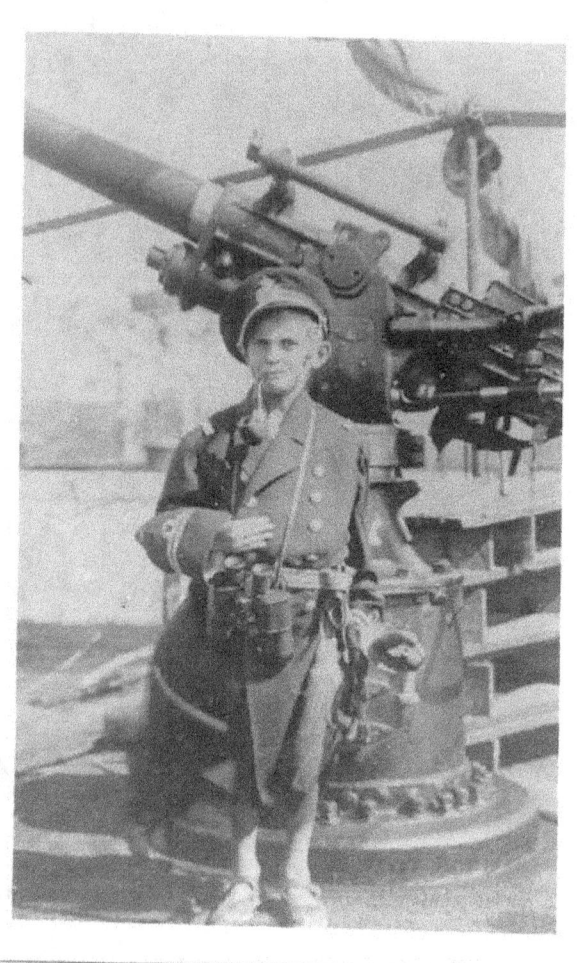

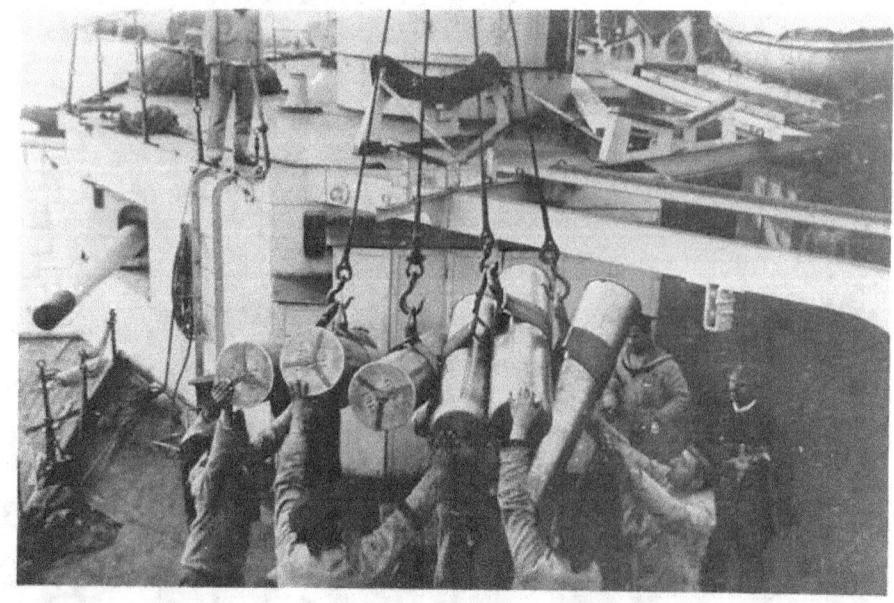

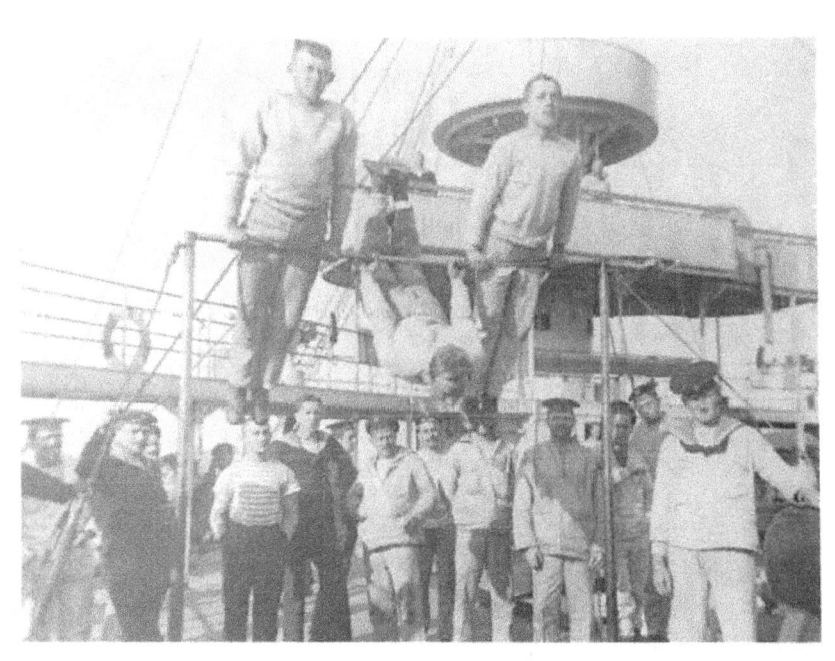

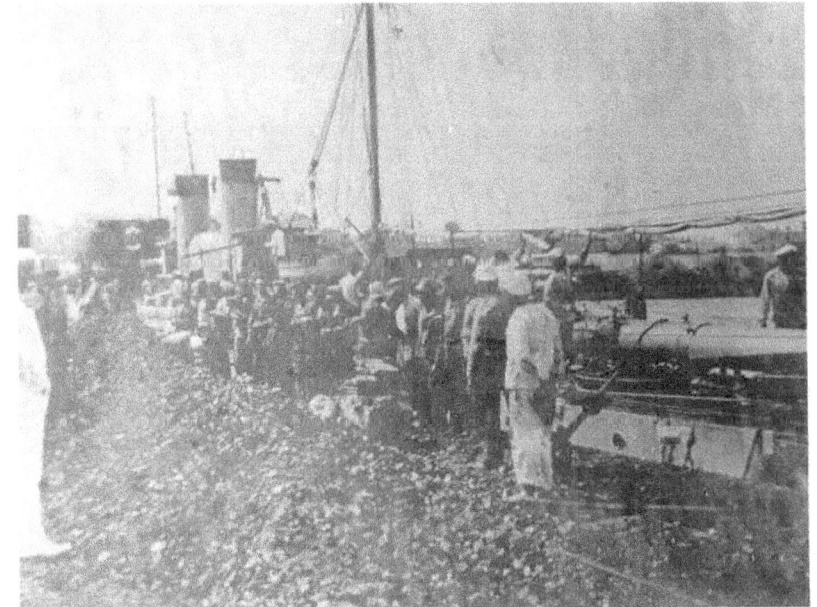

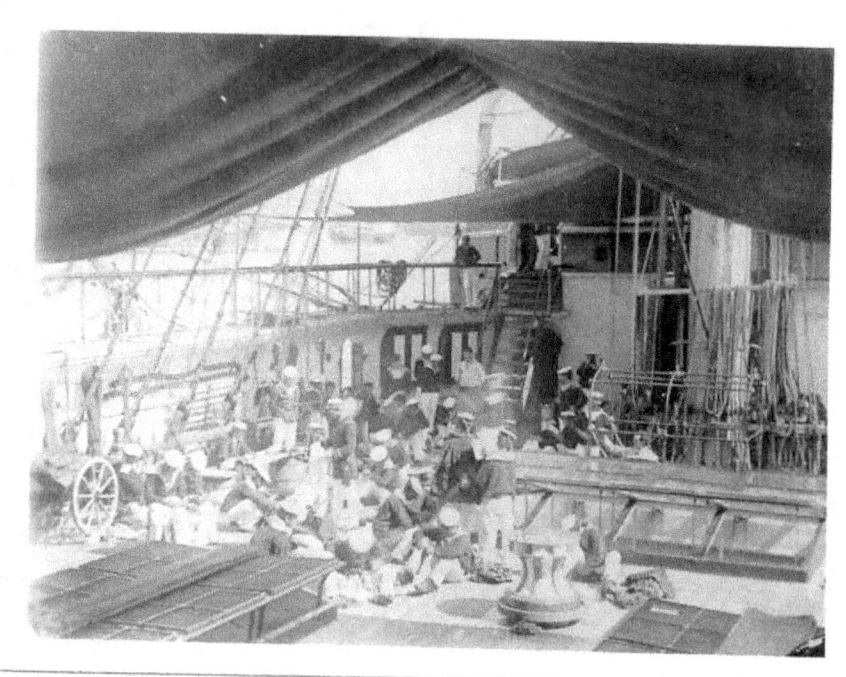

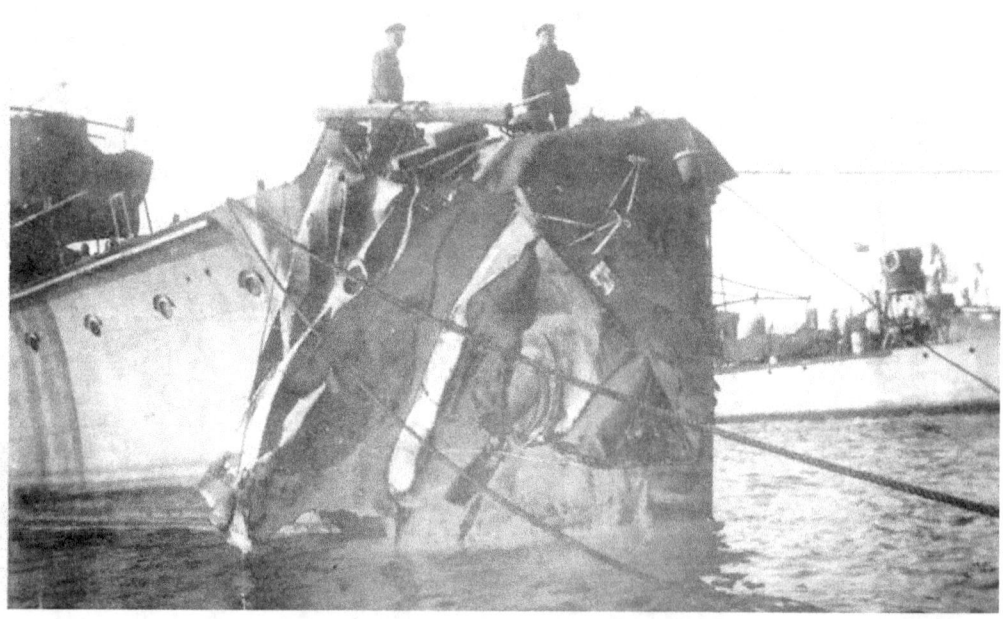

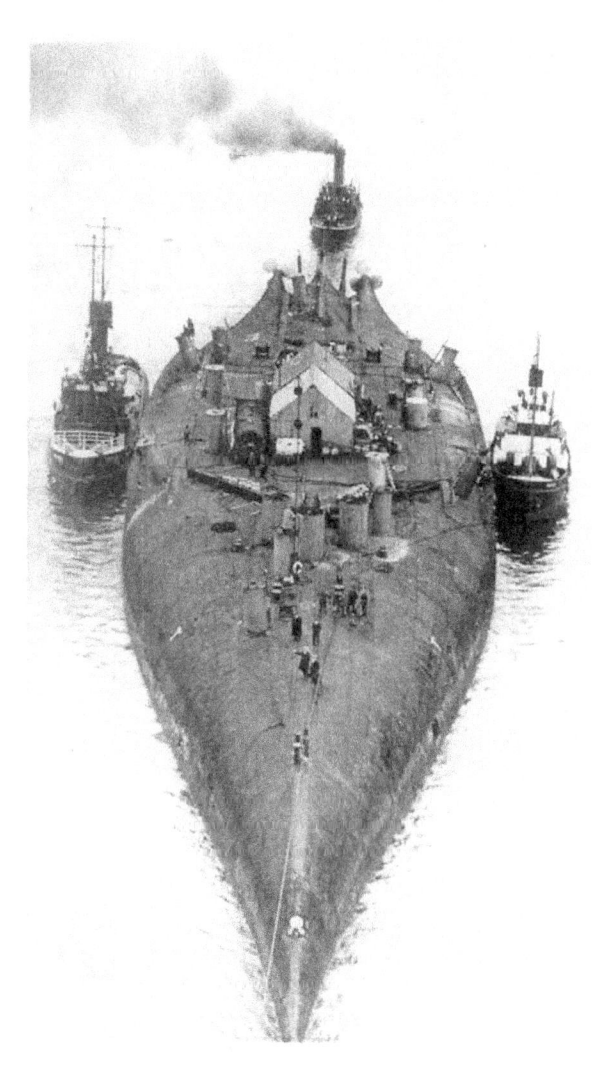

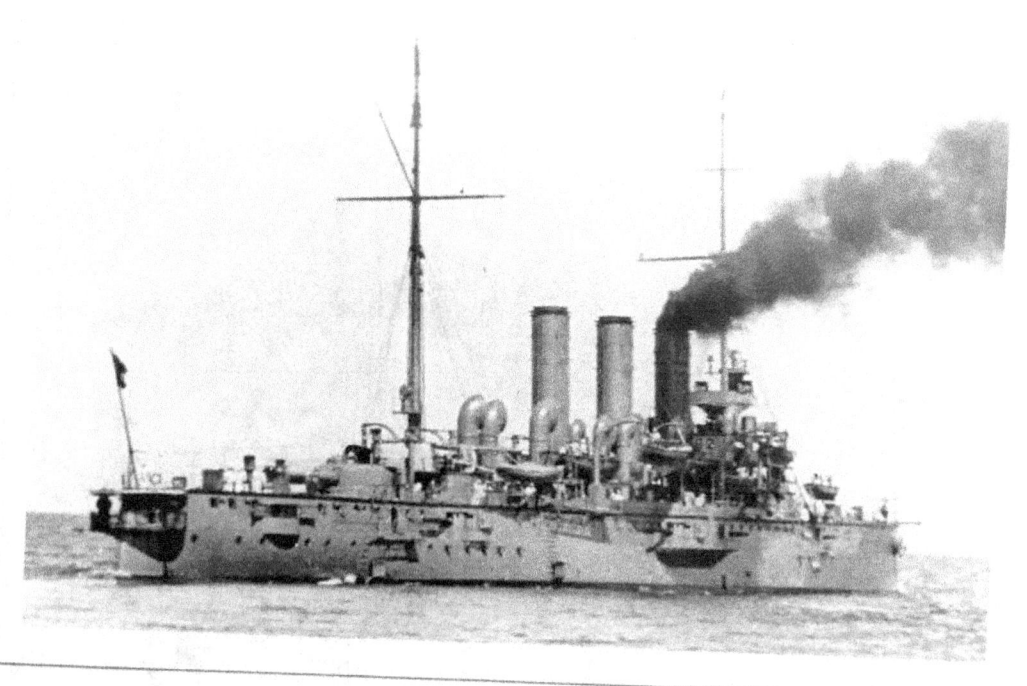

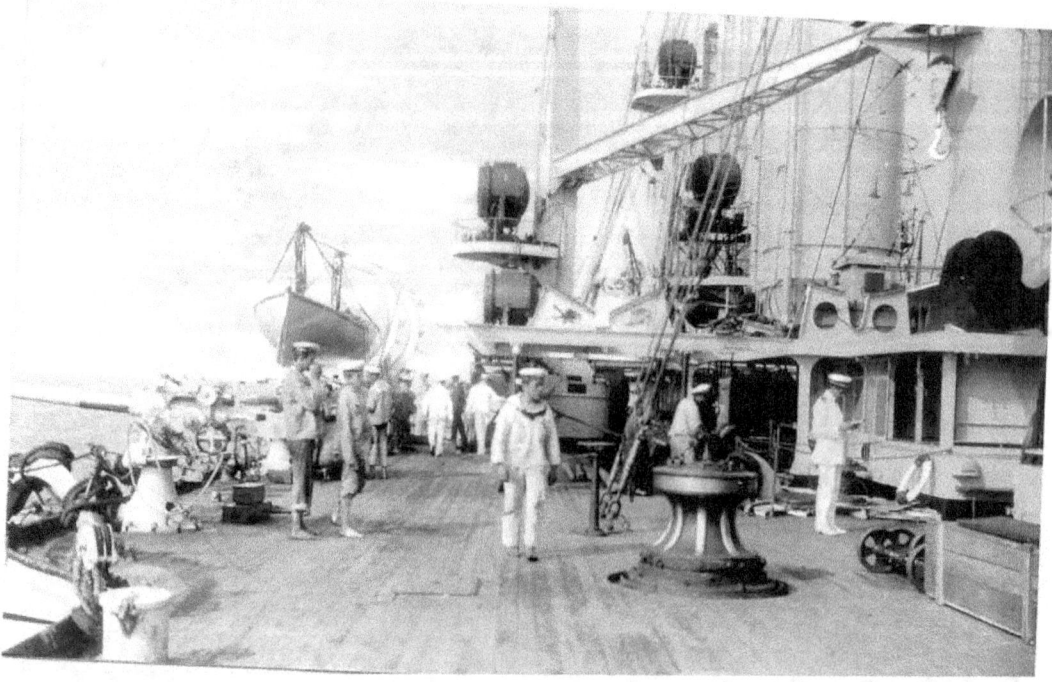

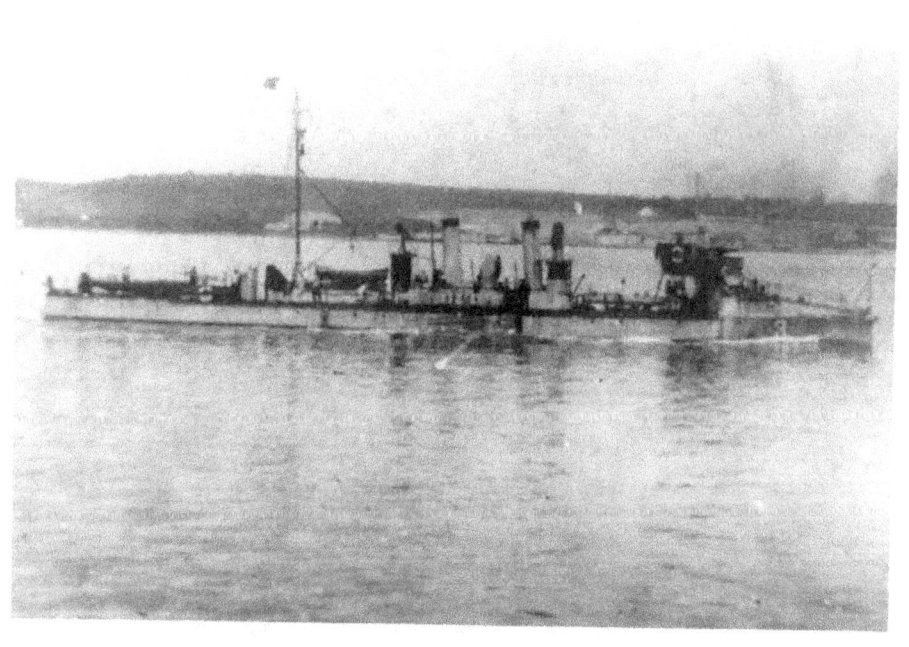

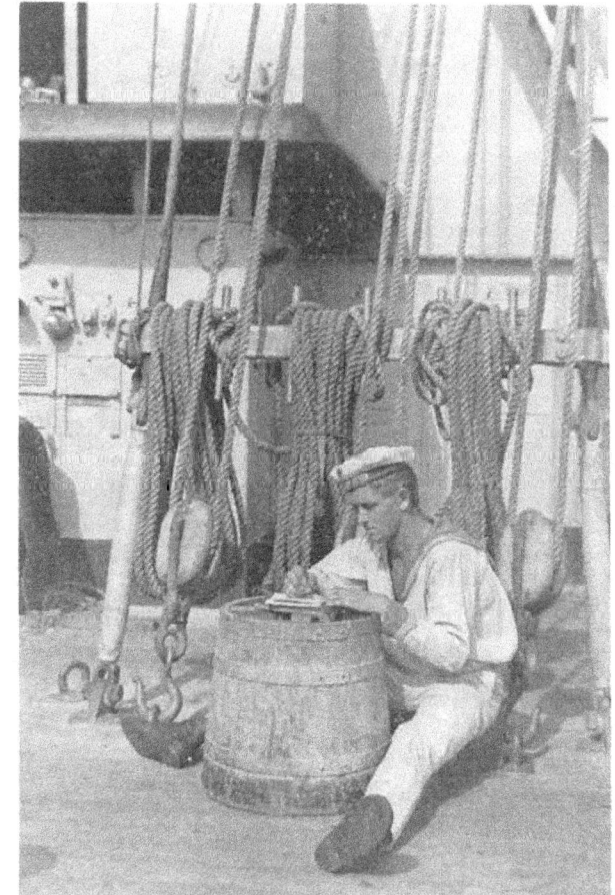

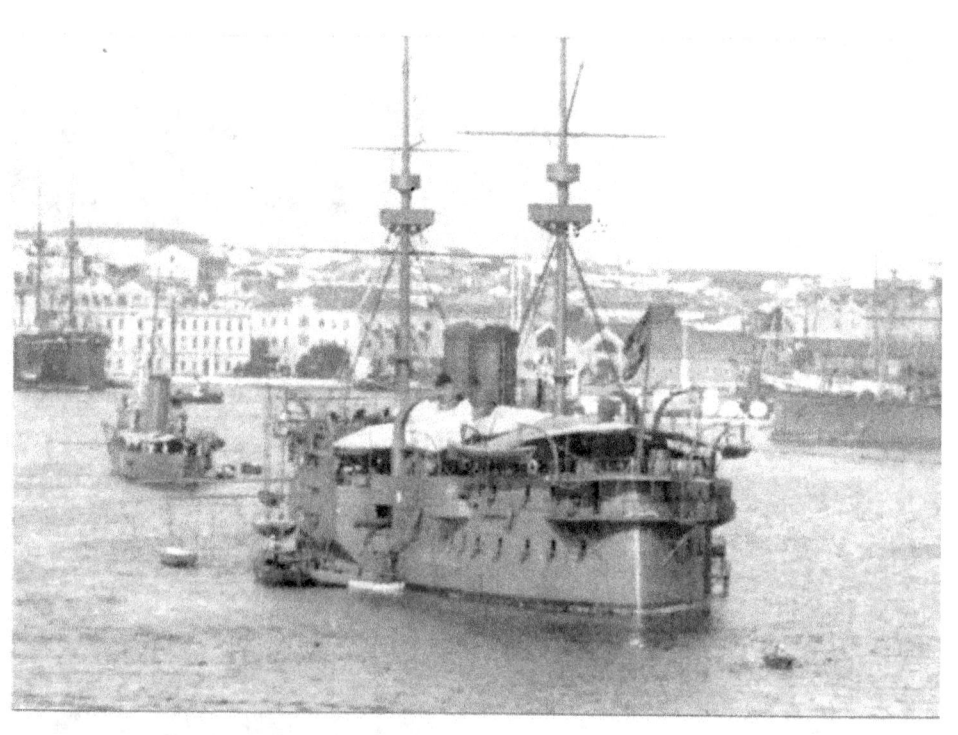

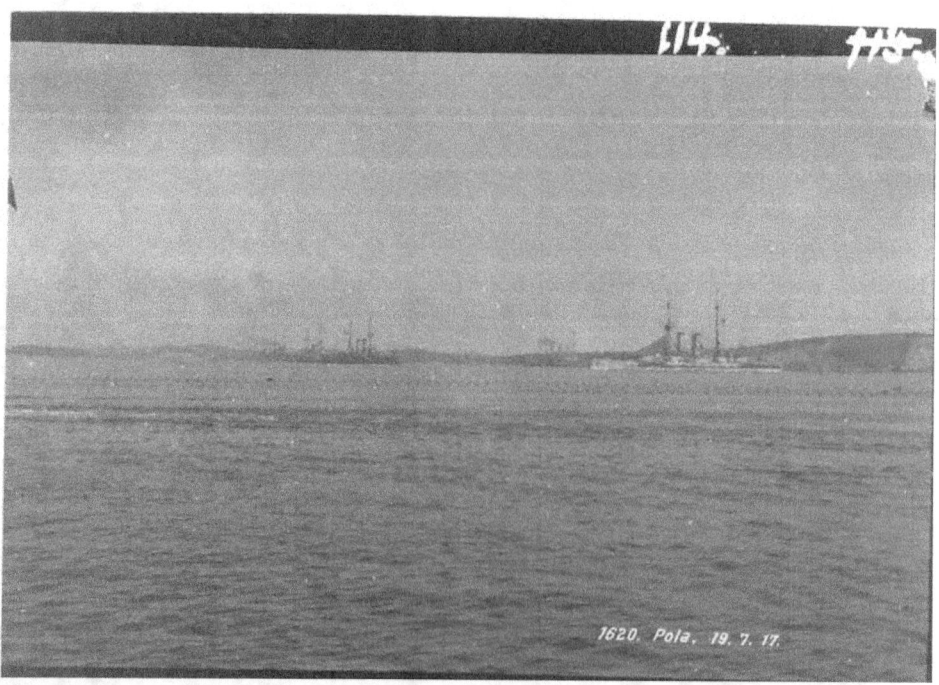

1620. Pola. 19. 7. 17.

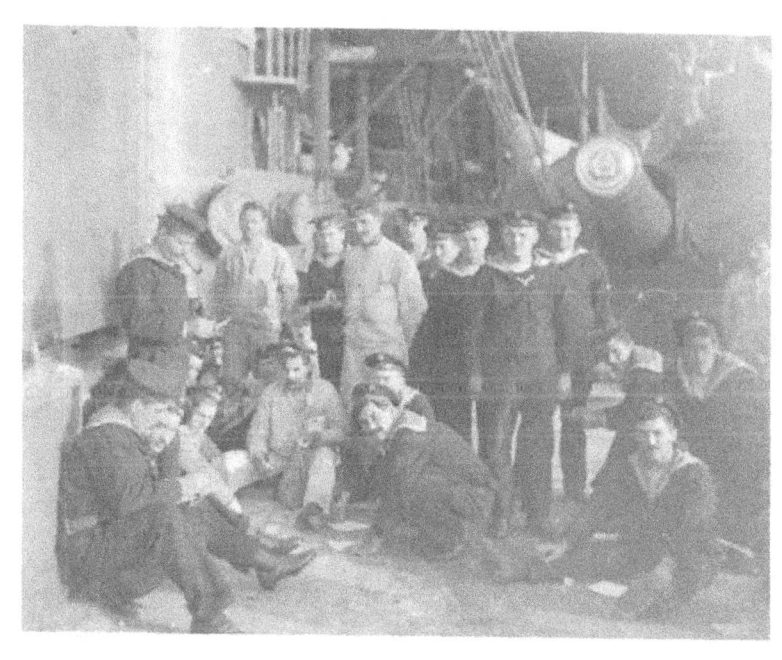

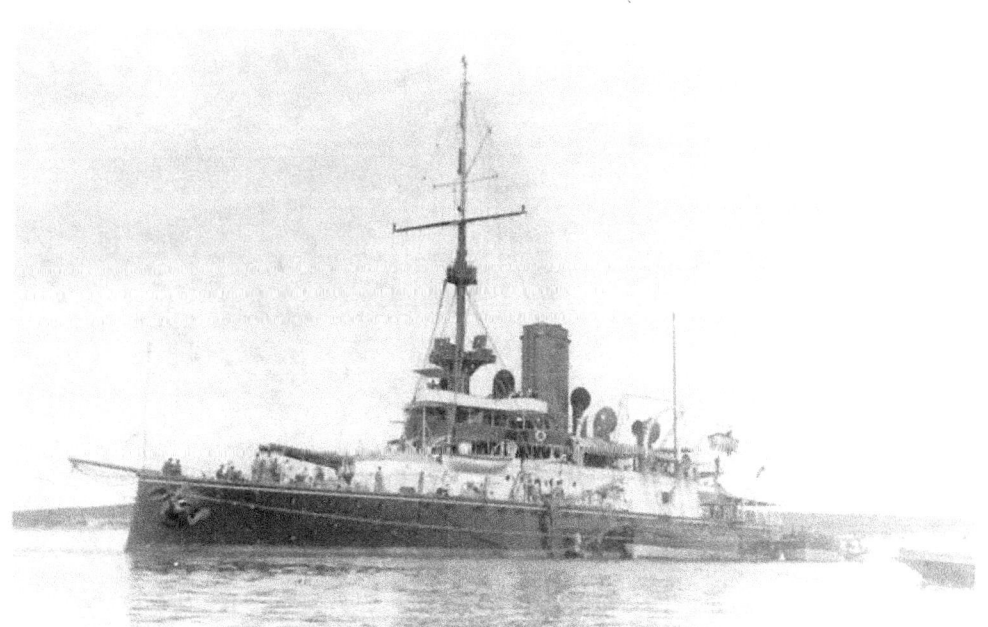

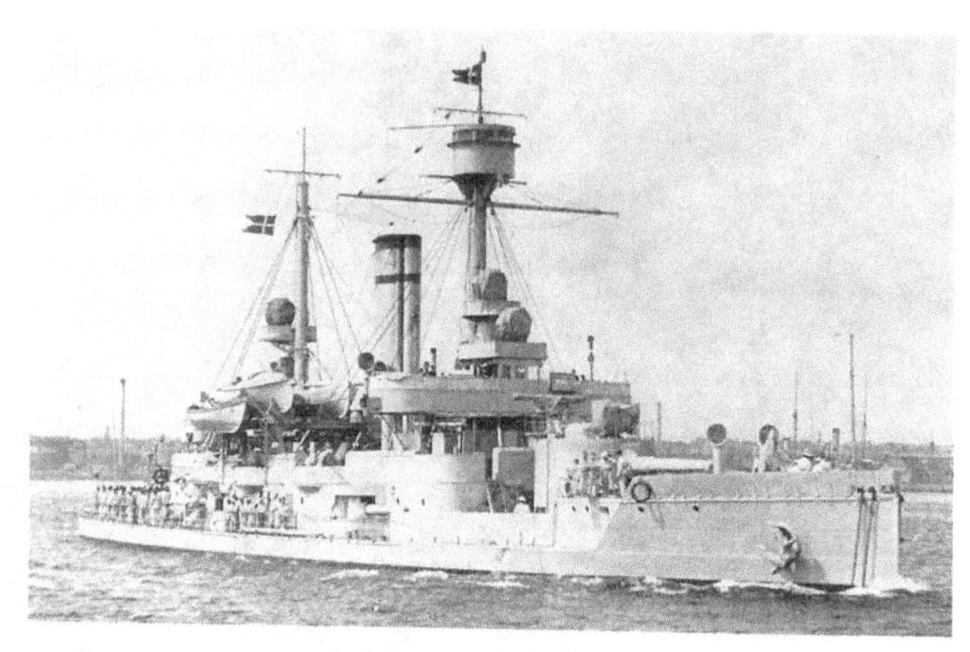

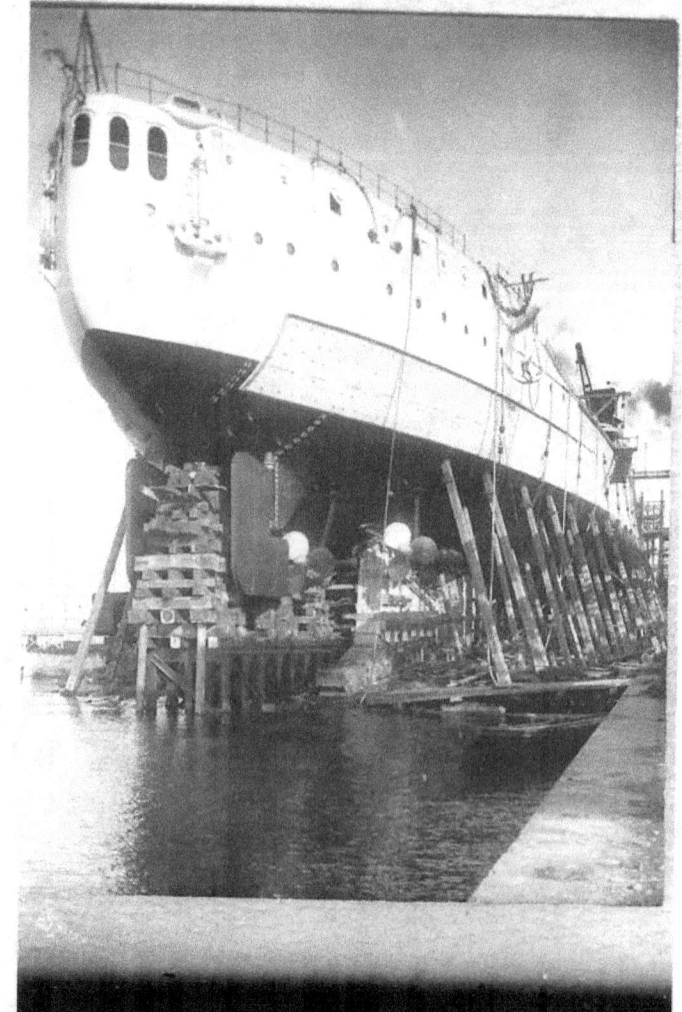

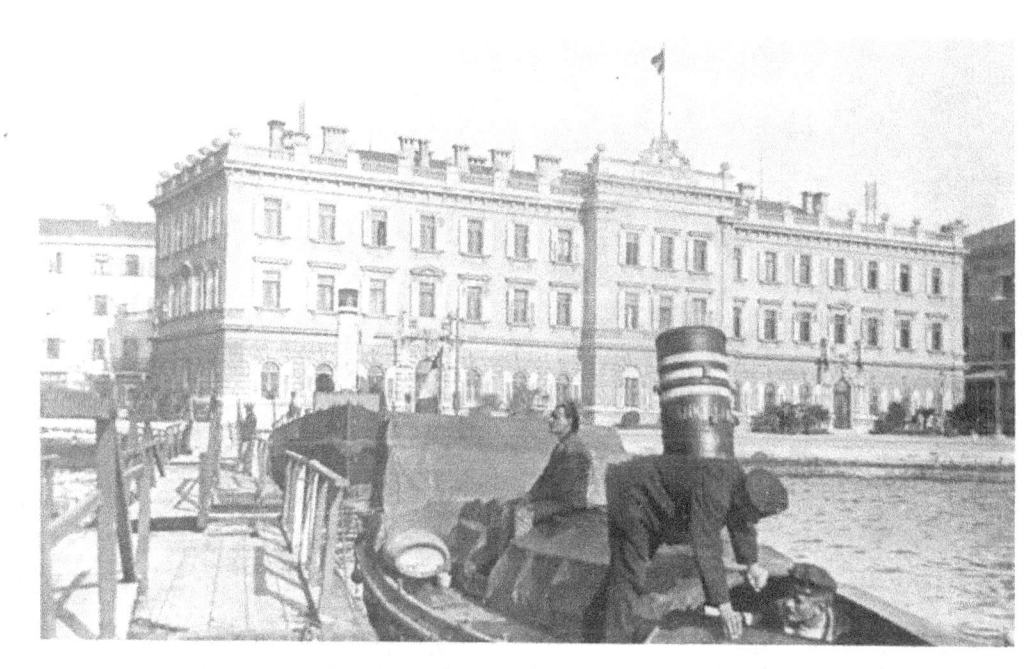

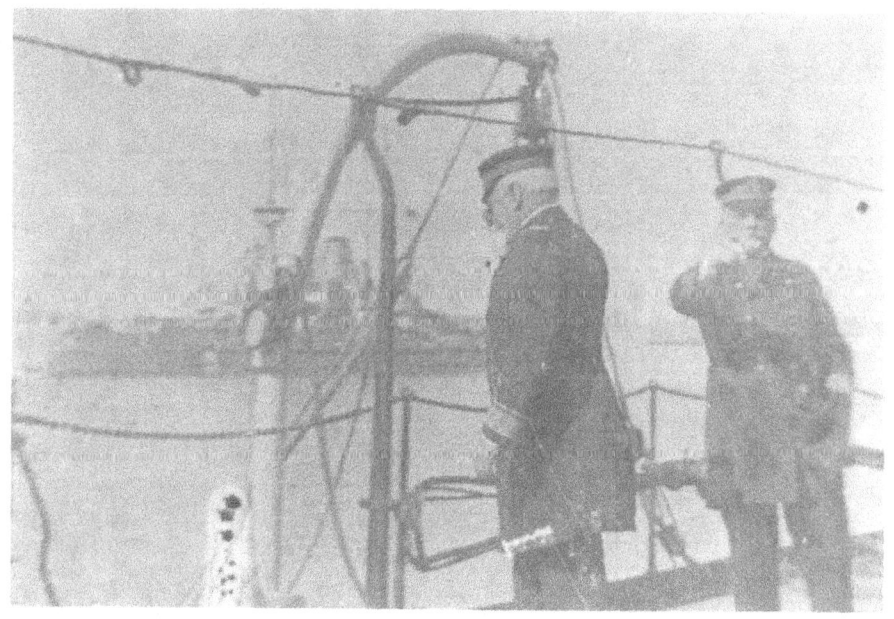

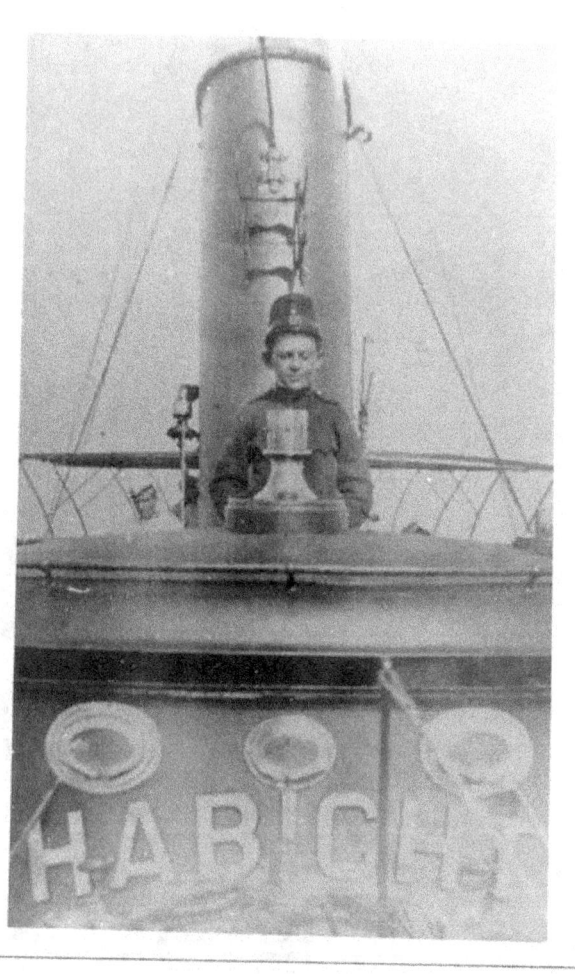

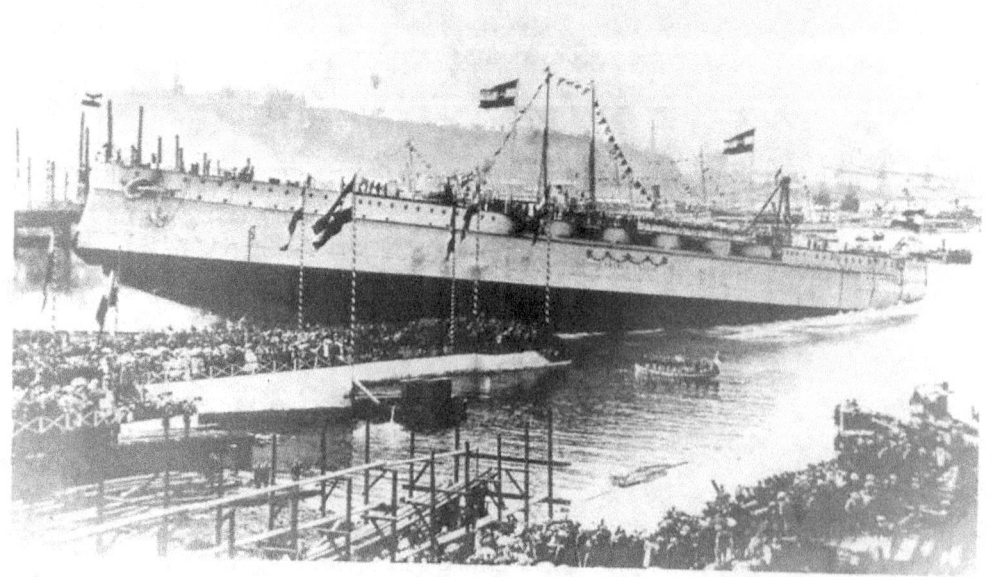

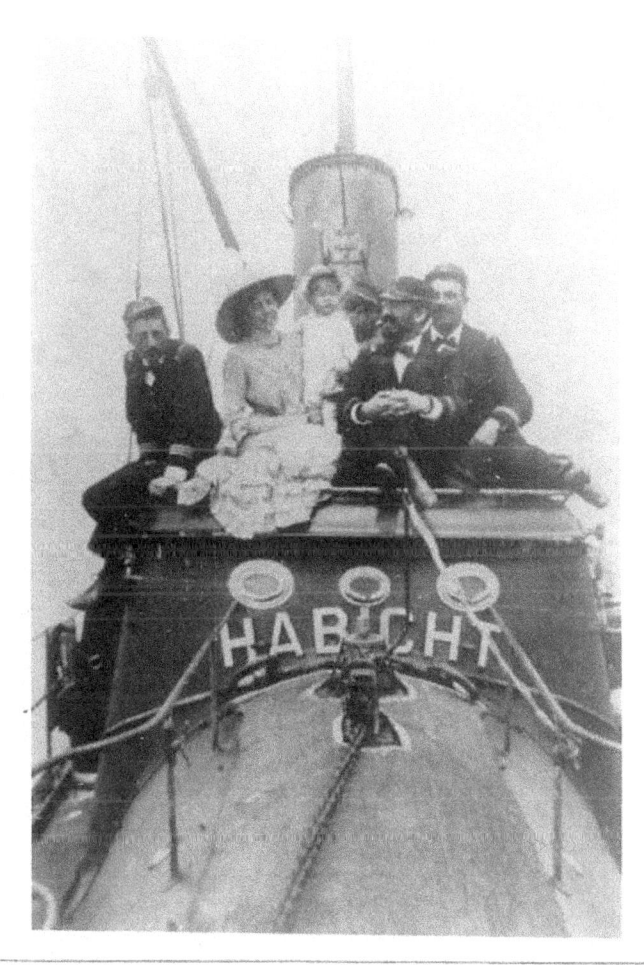

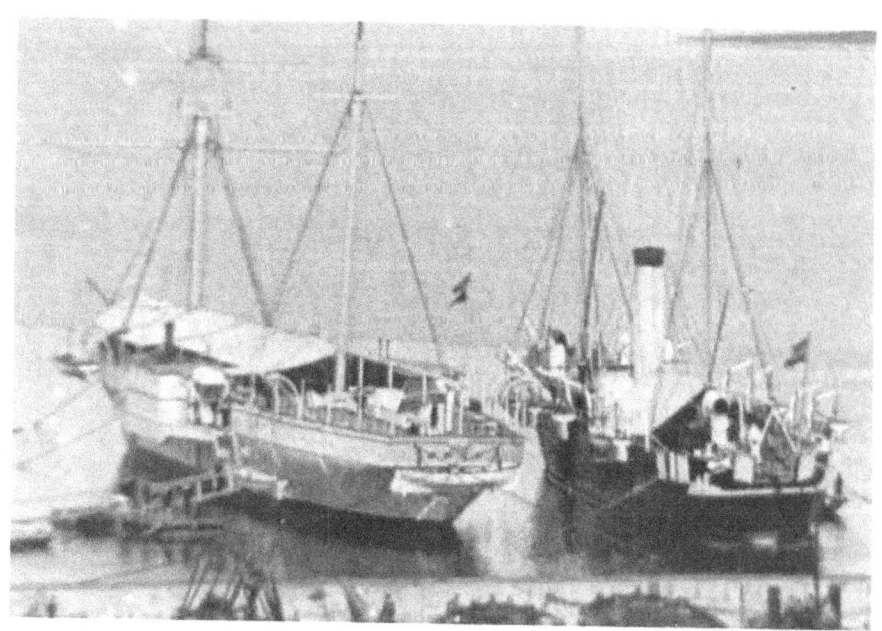

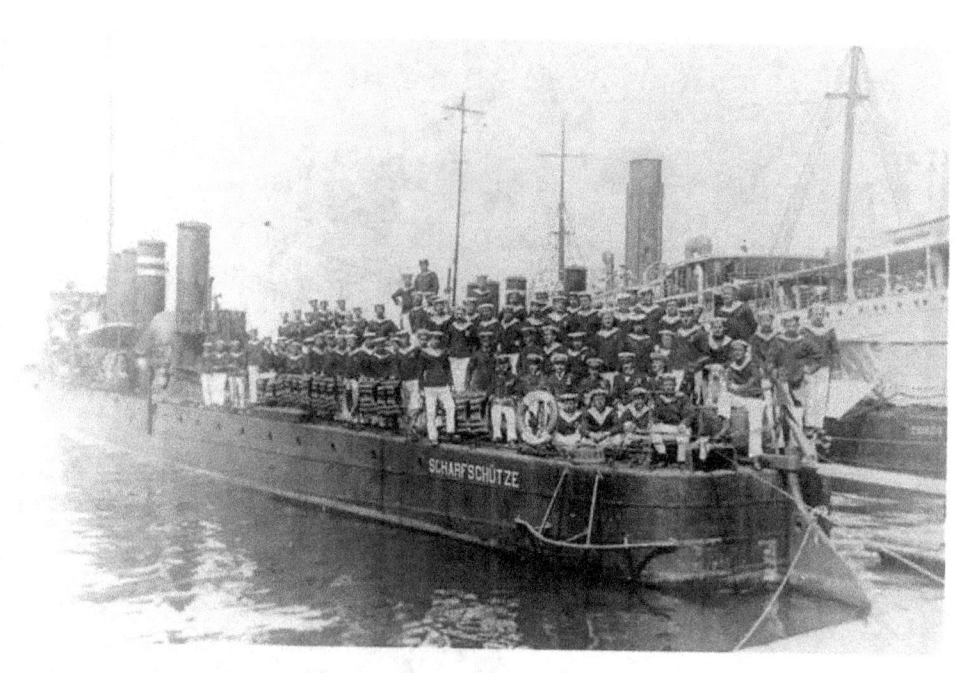

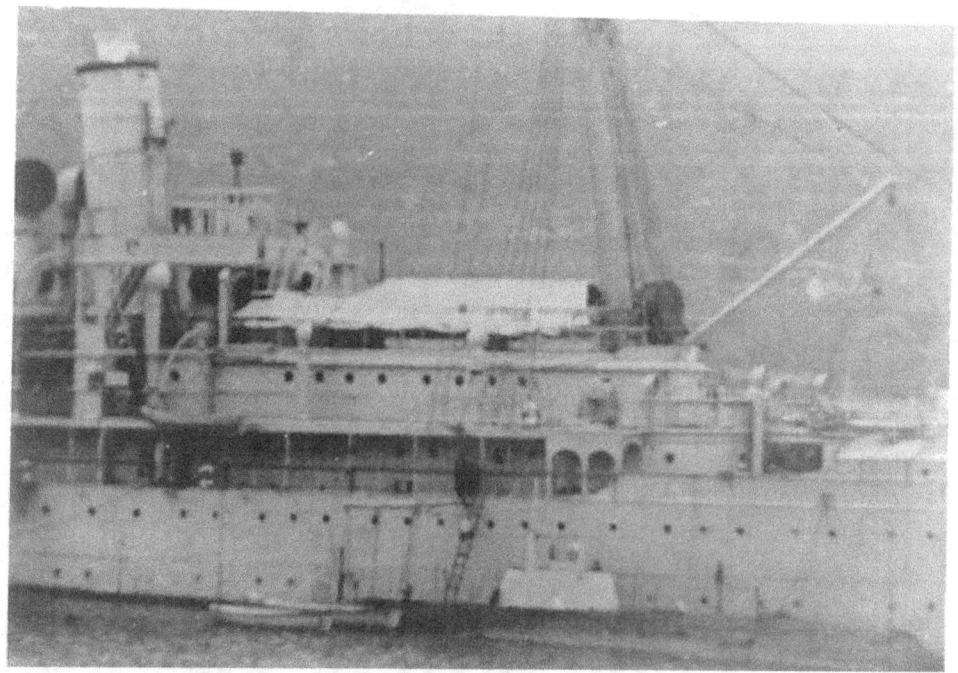

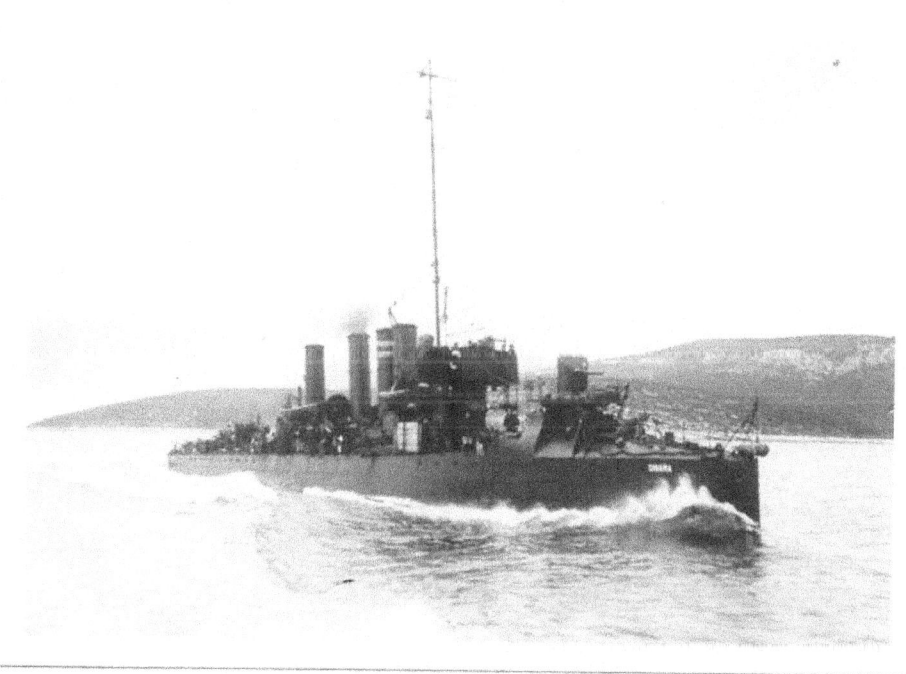

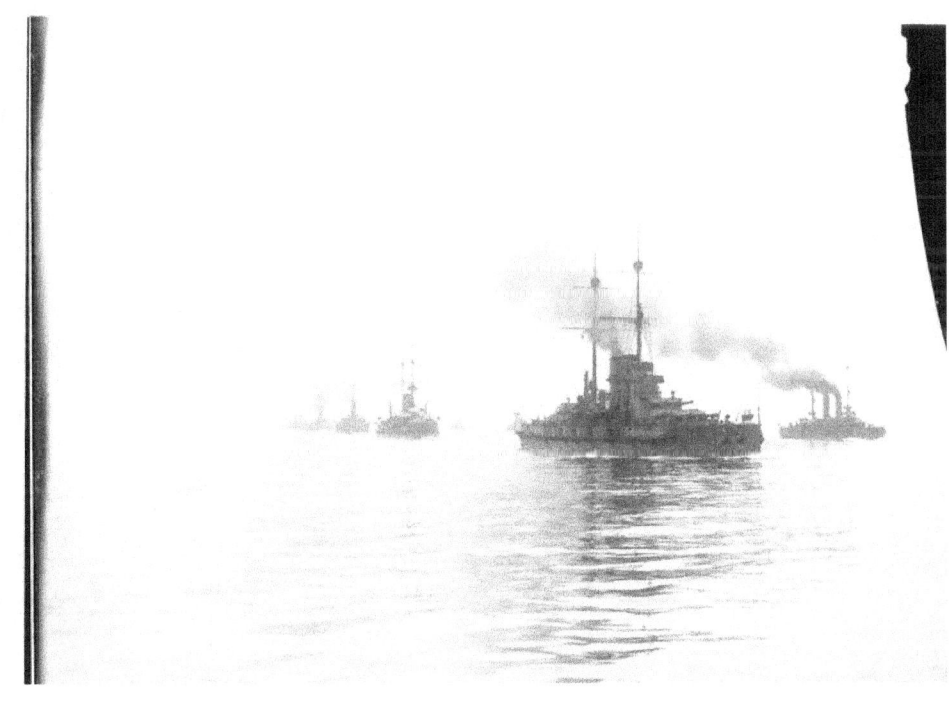

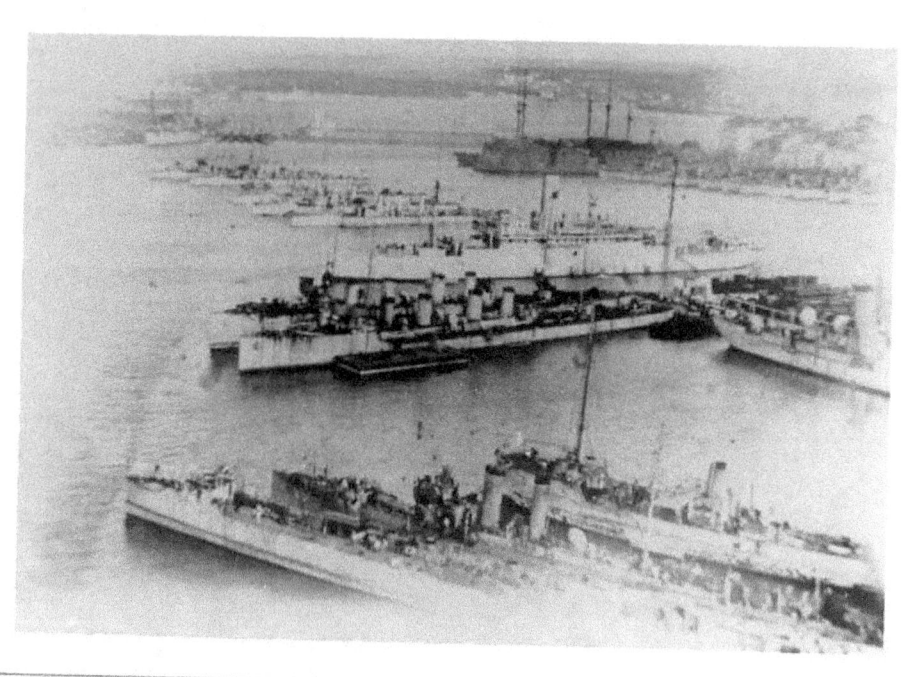

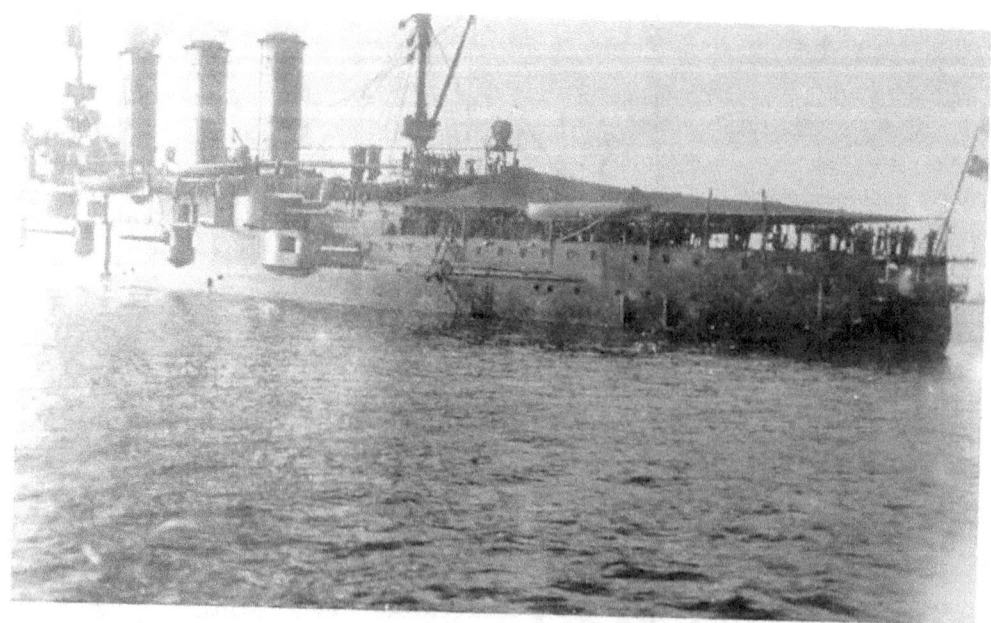

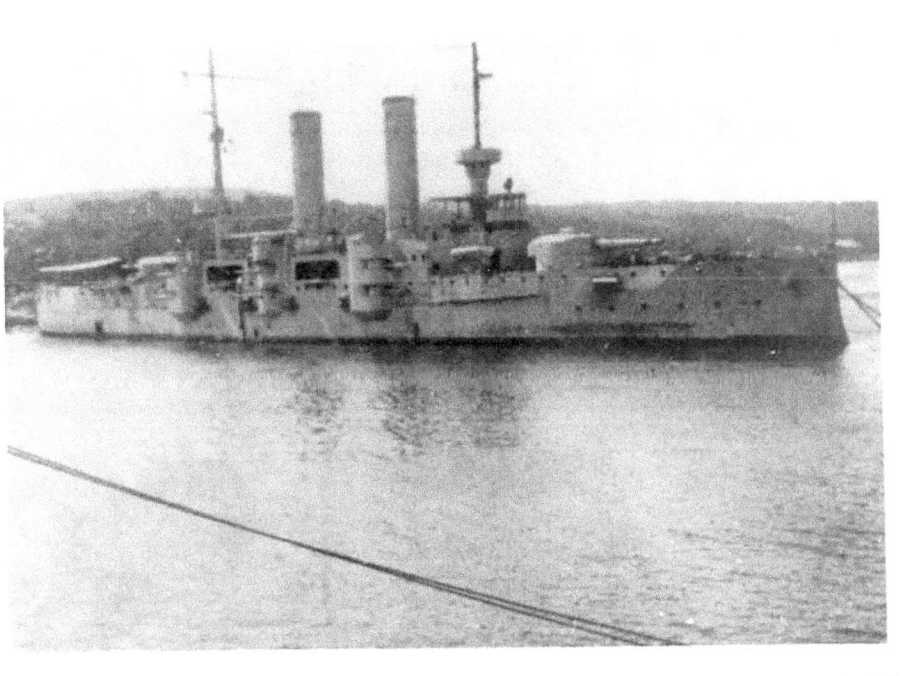

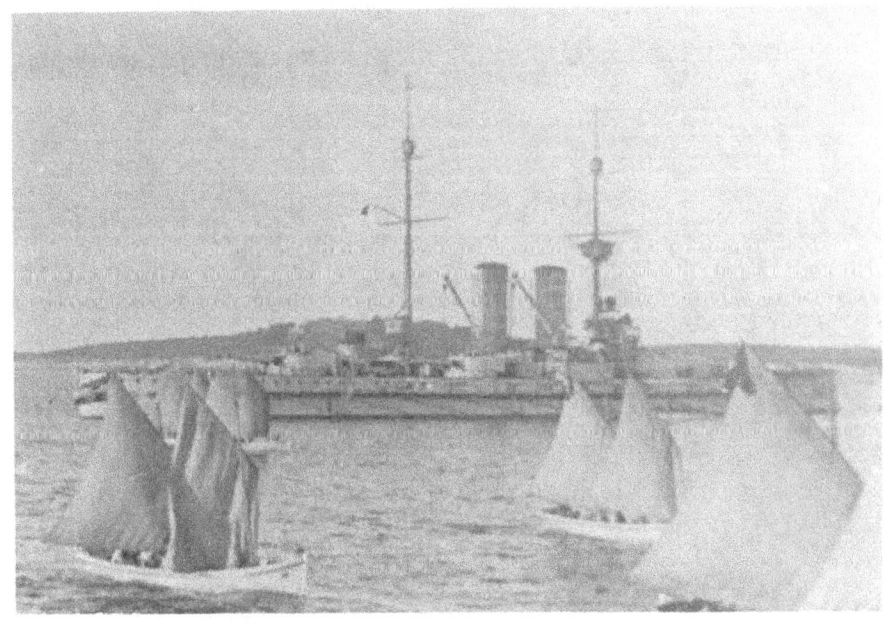

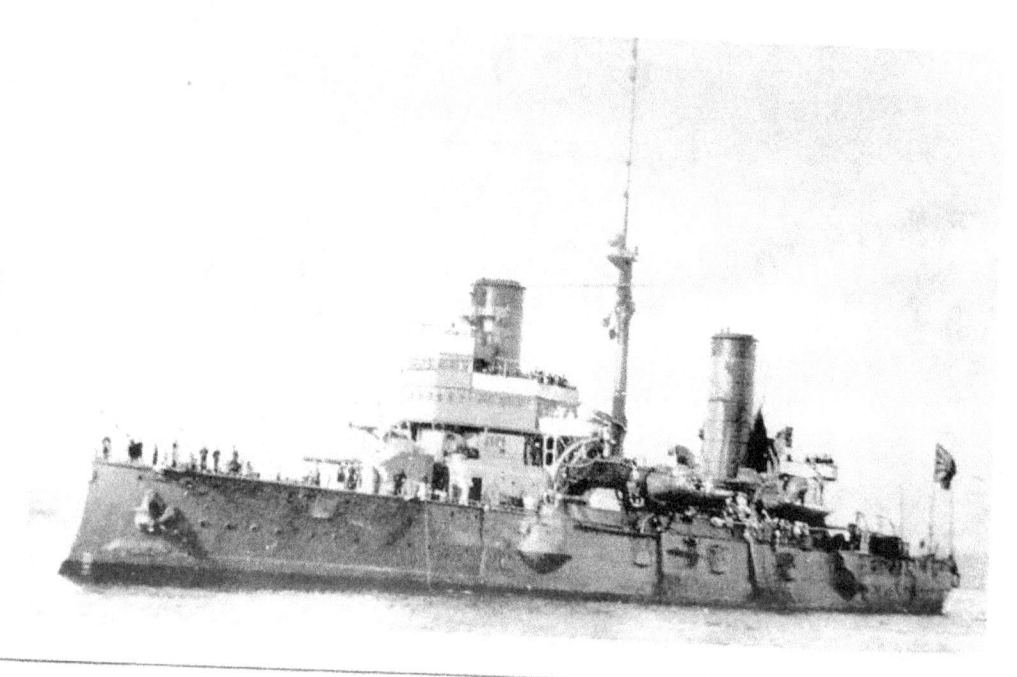

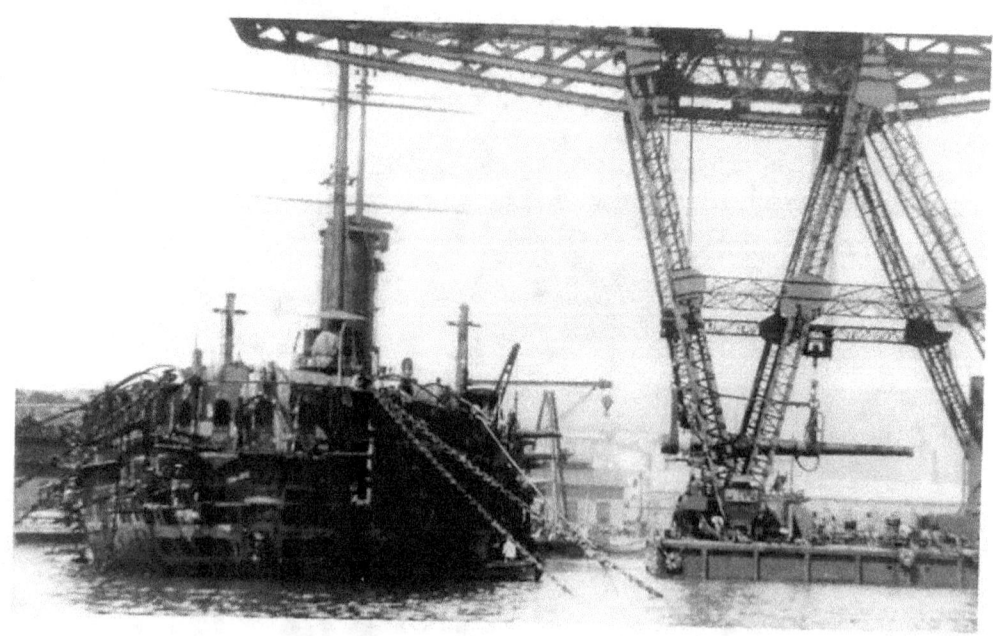

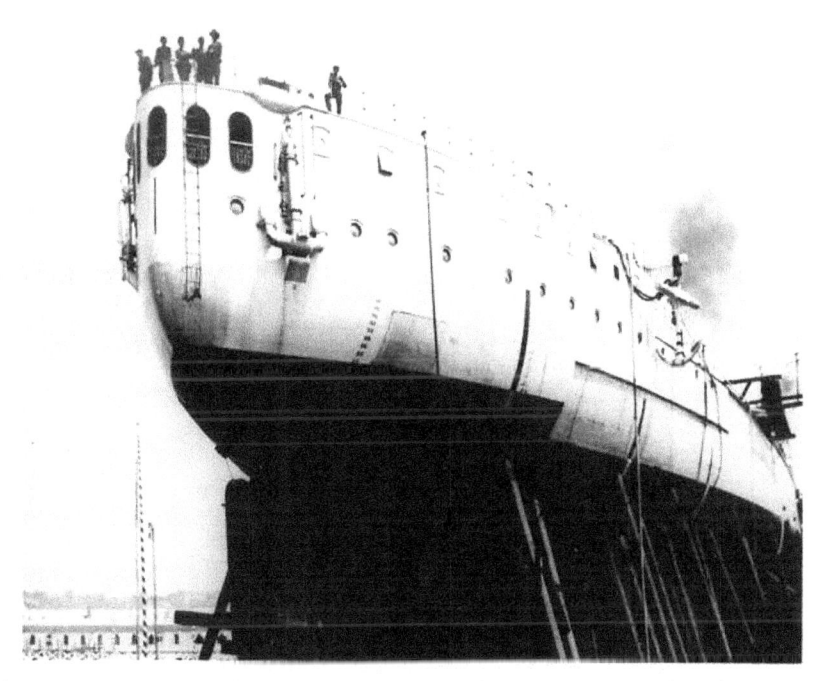

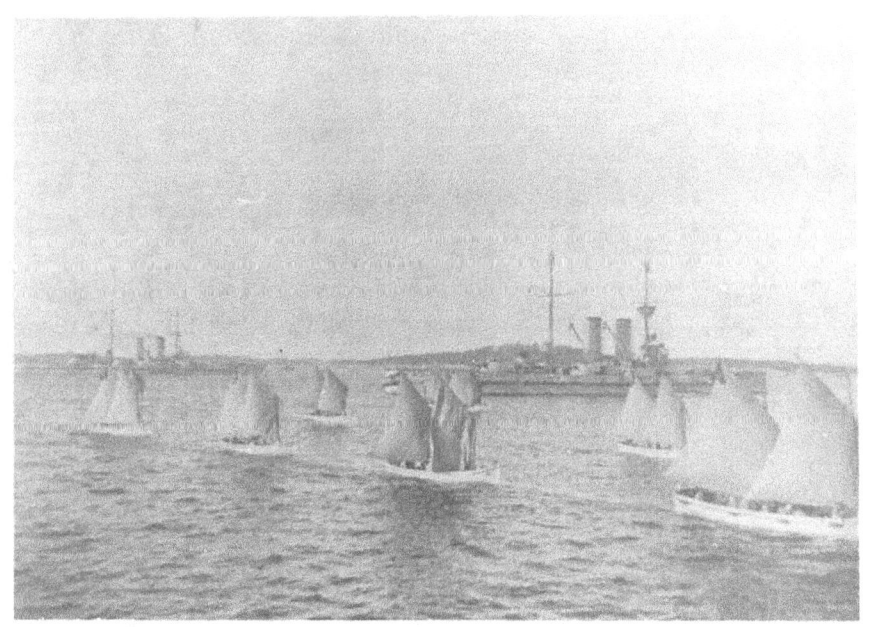

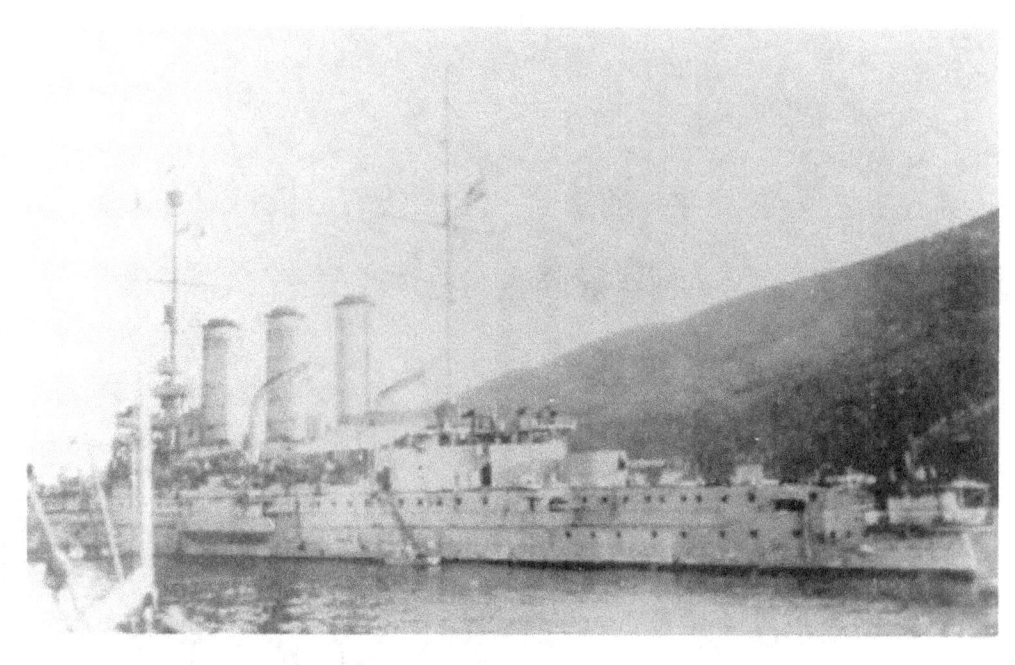

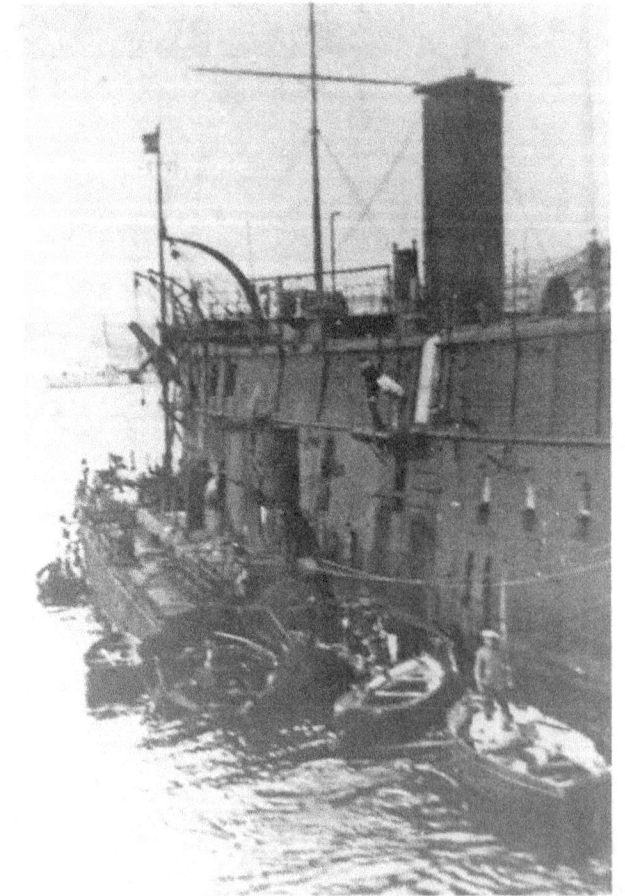

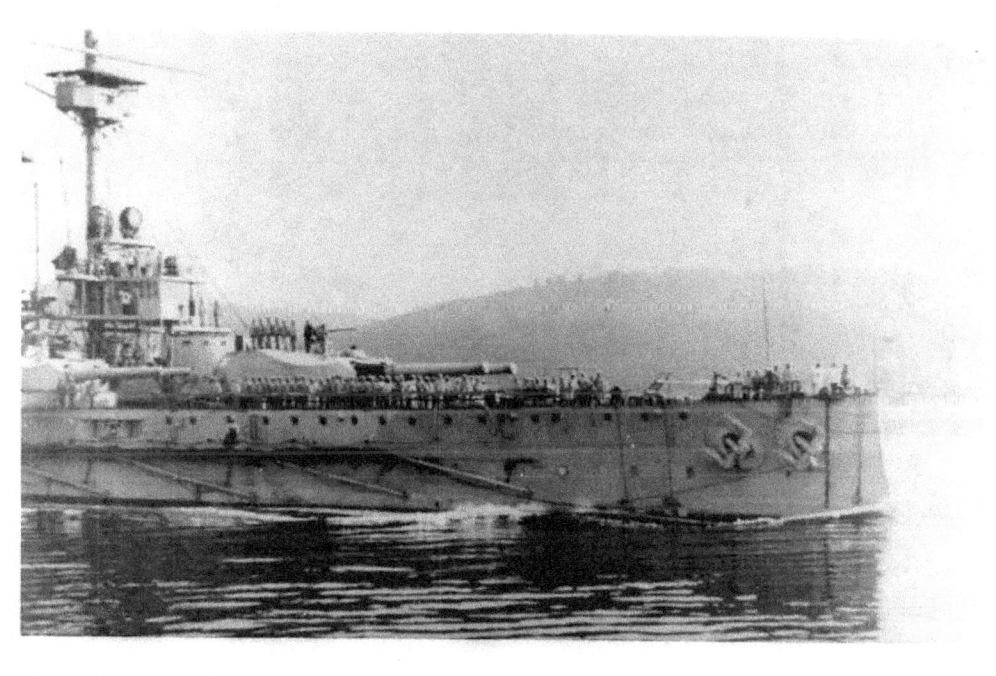

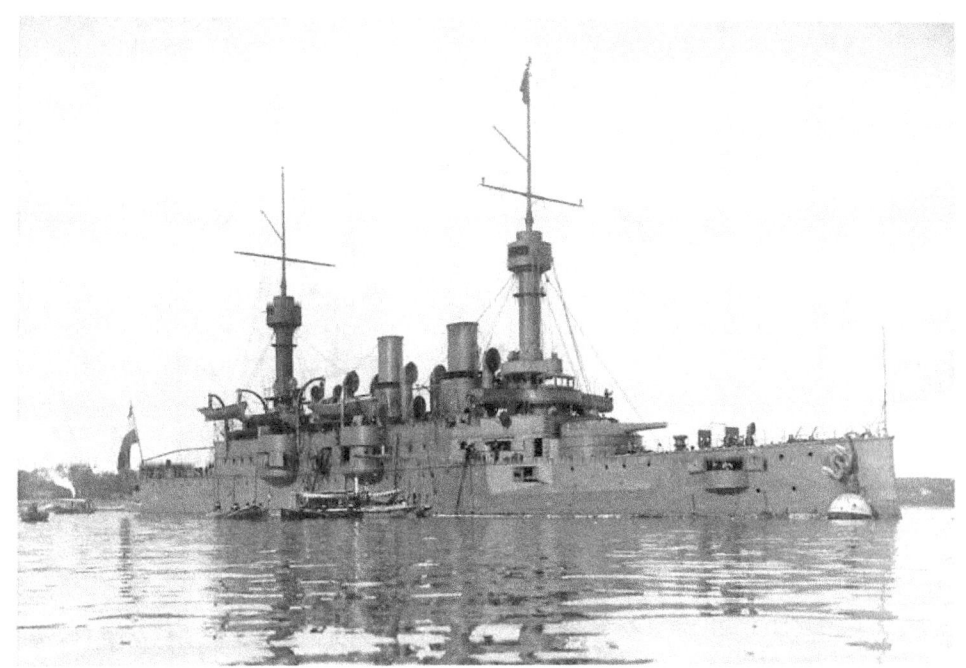

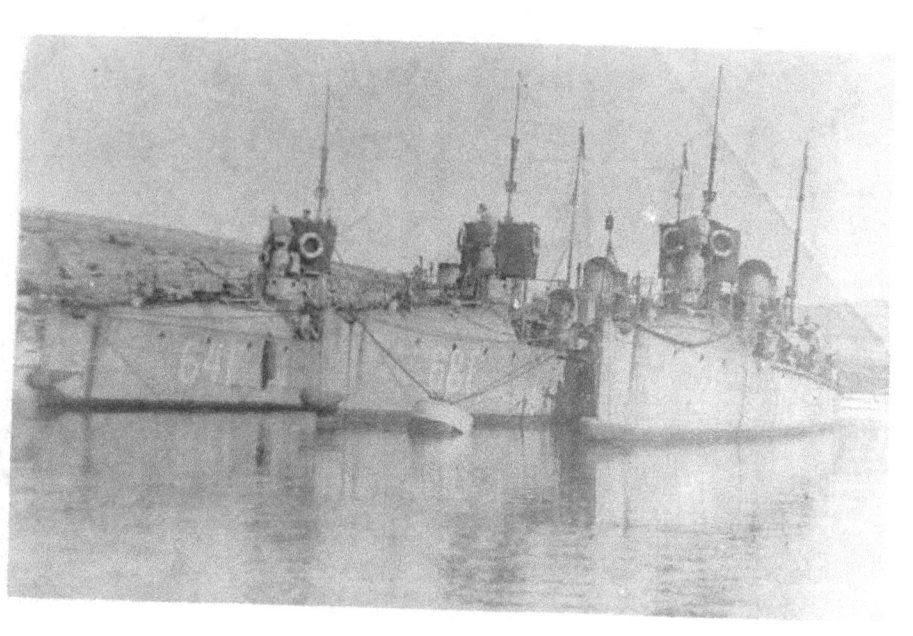

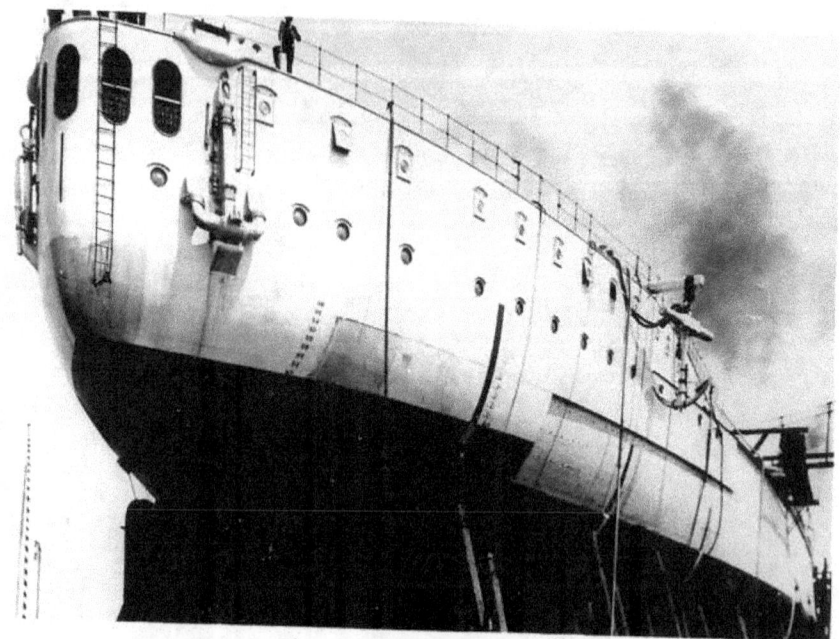

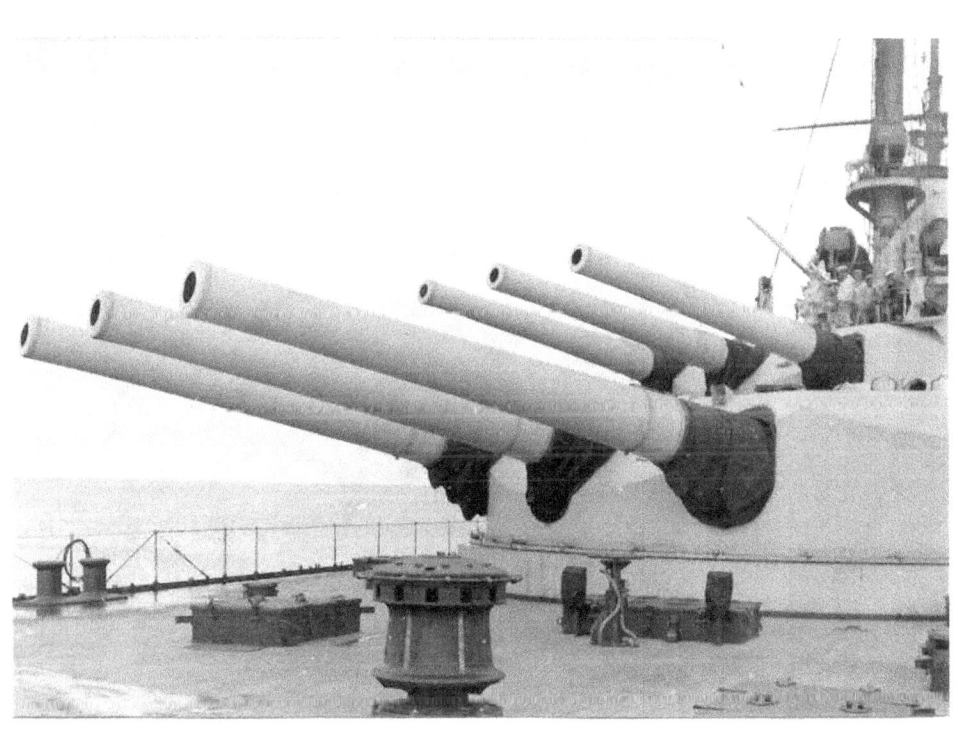

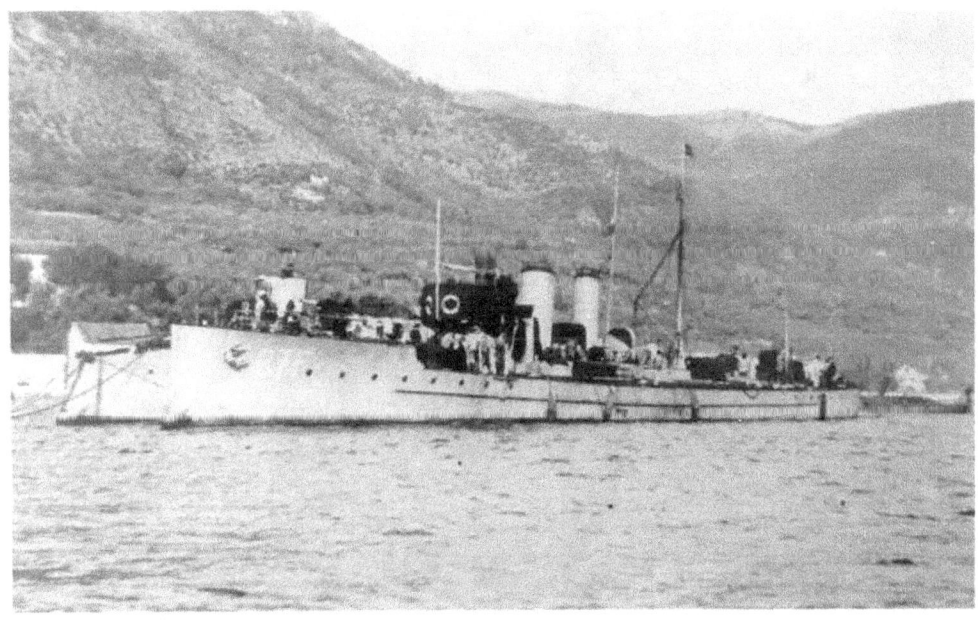

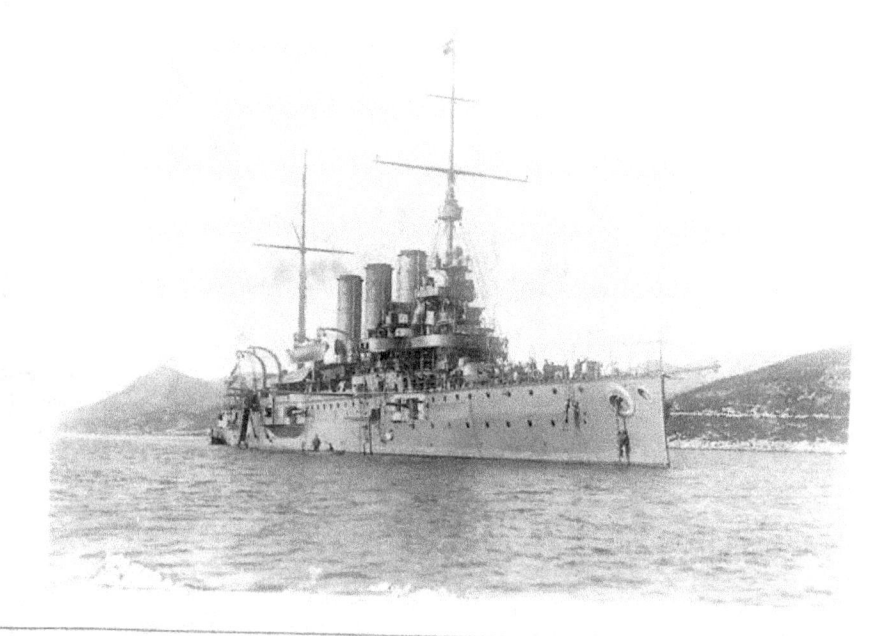

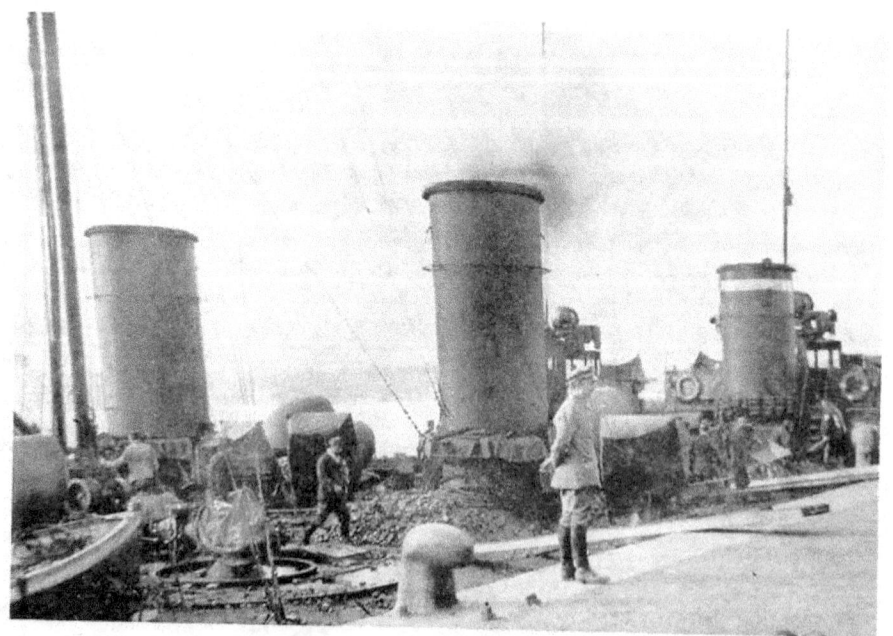

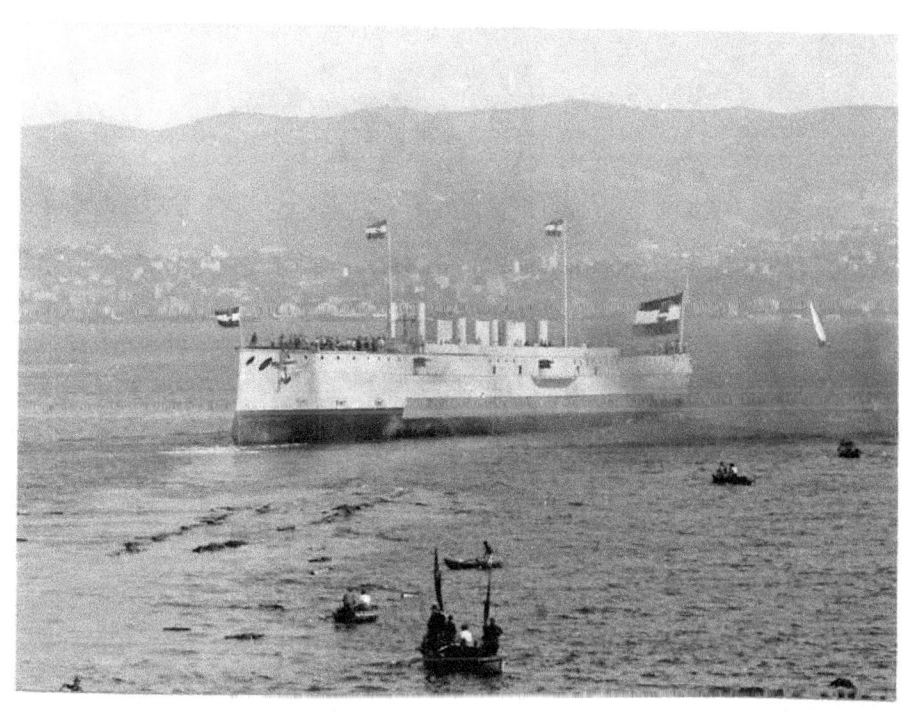

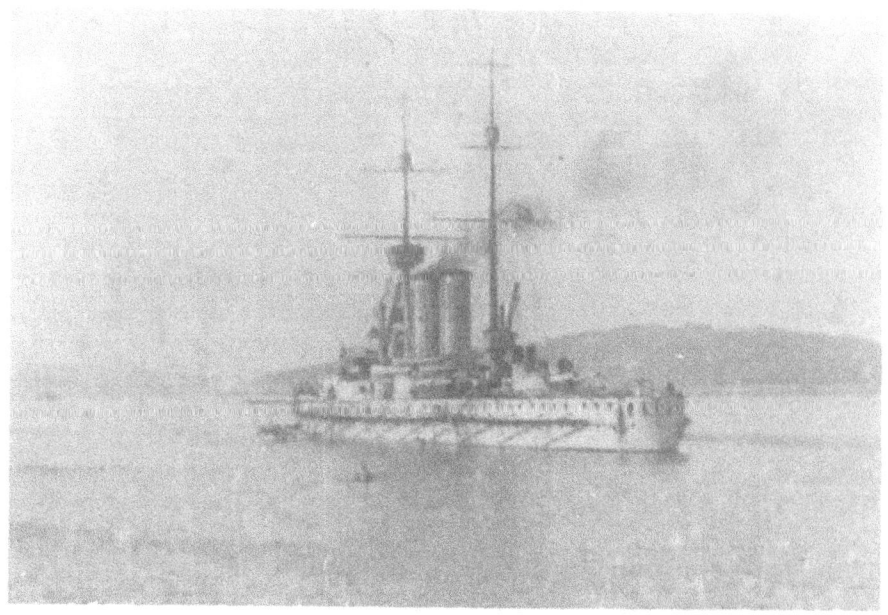

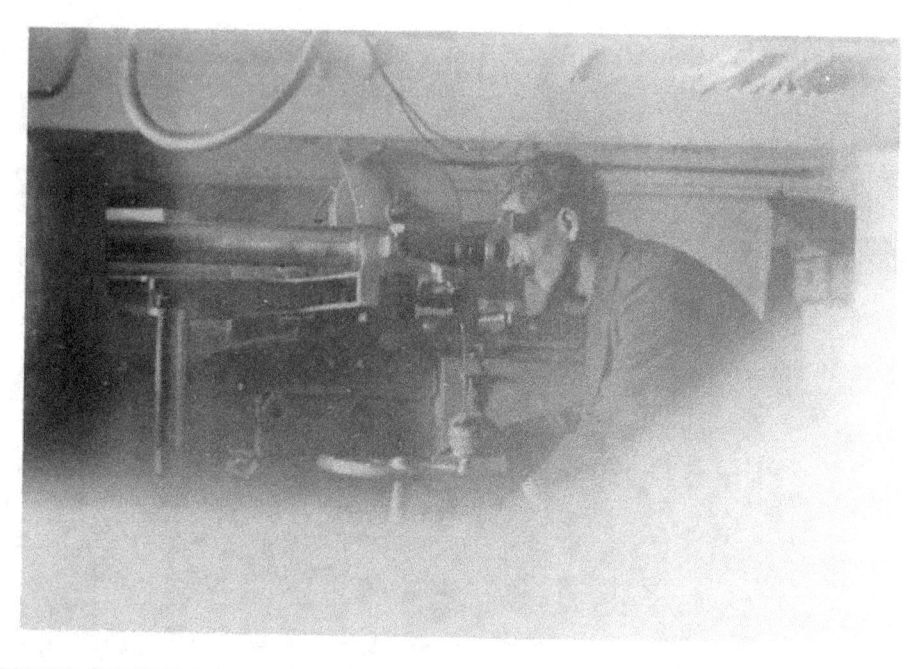

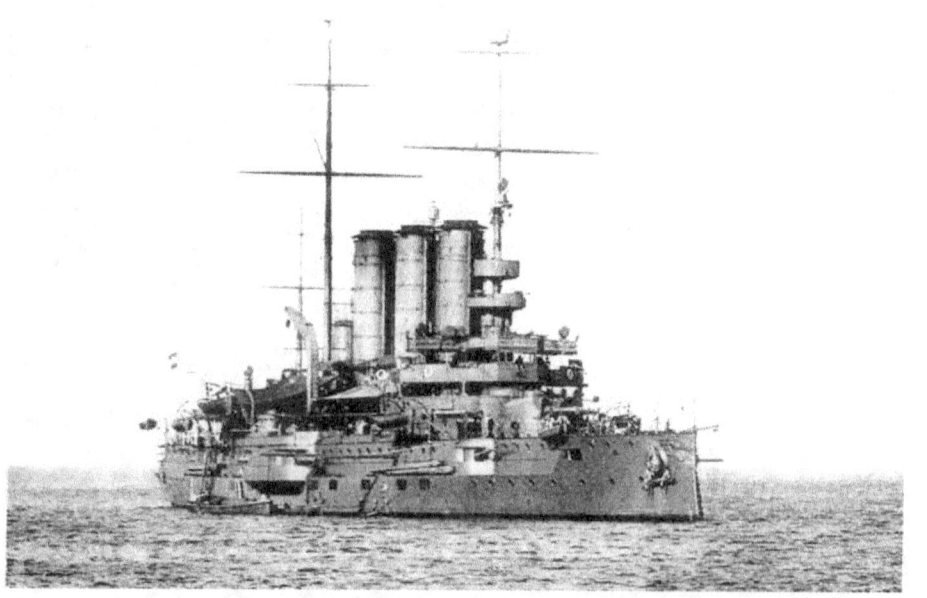

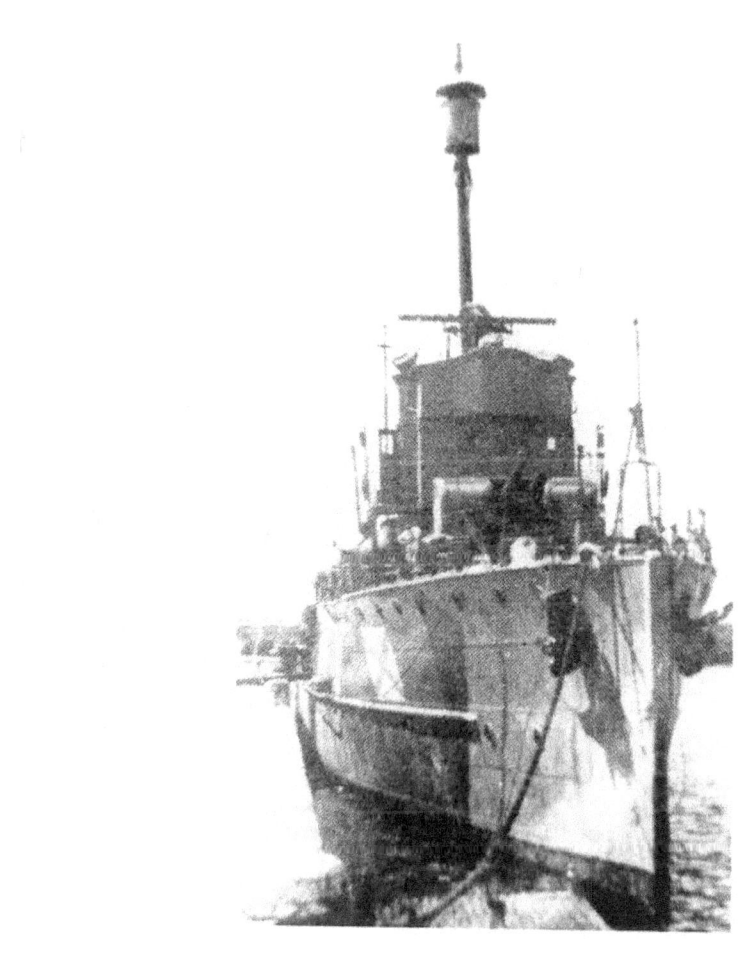

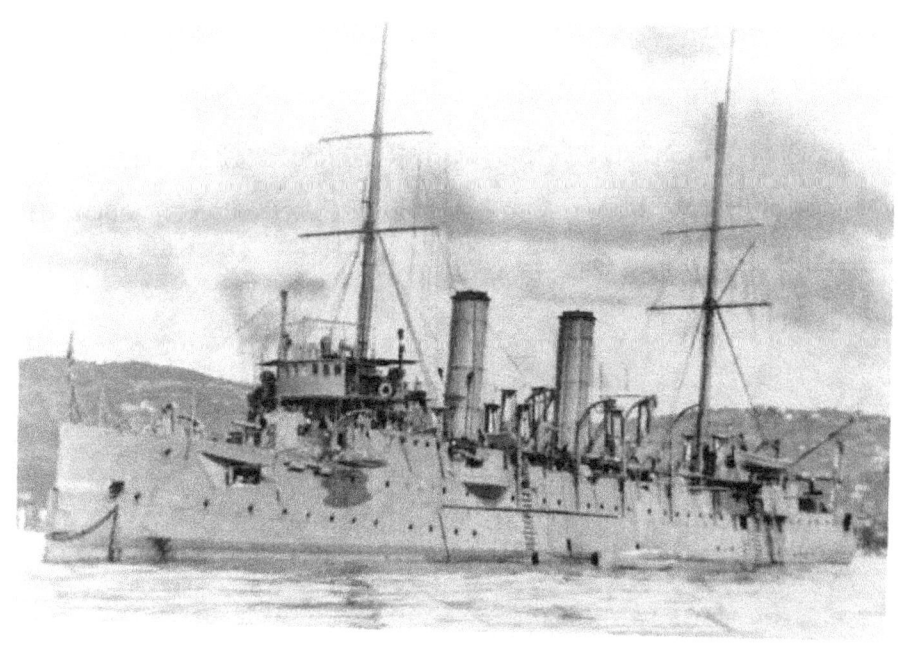

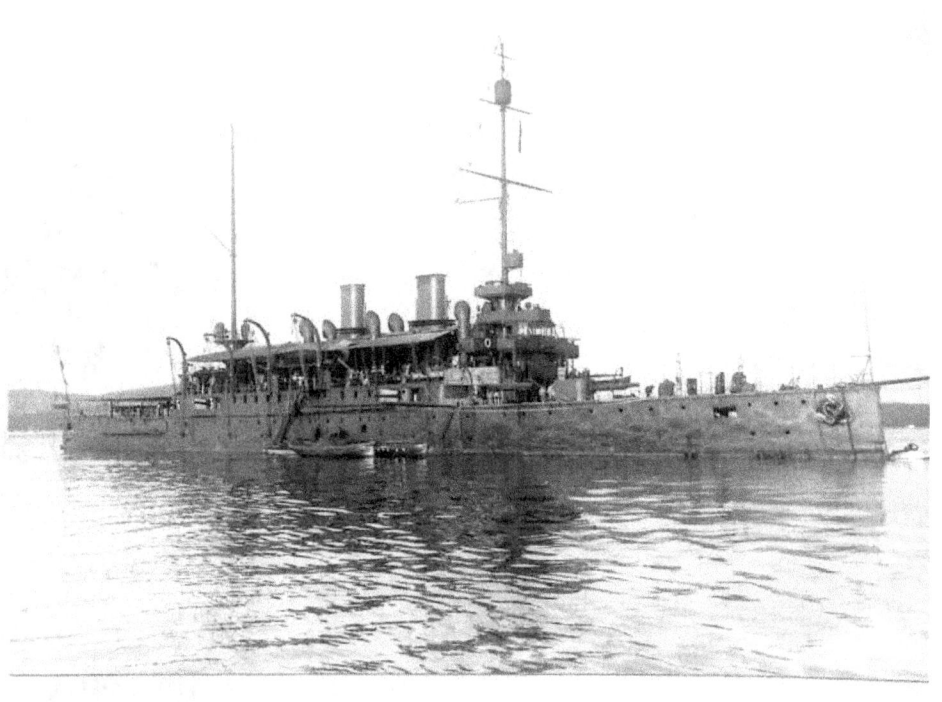

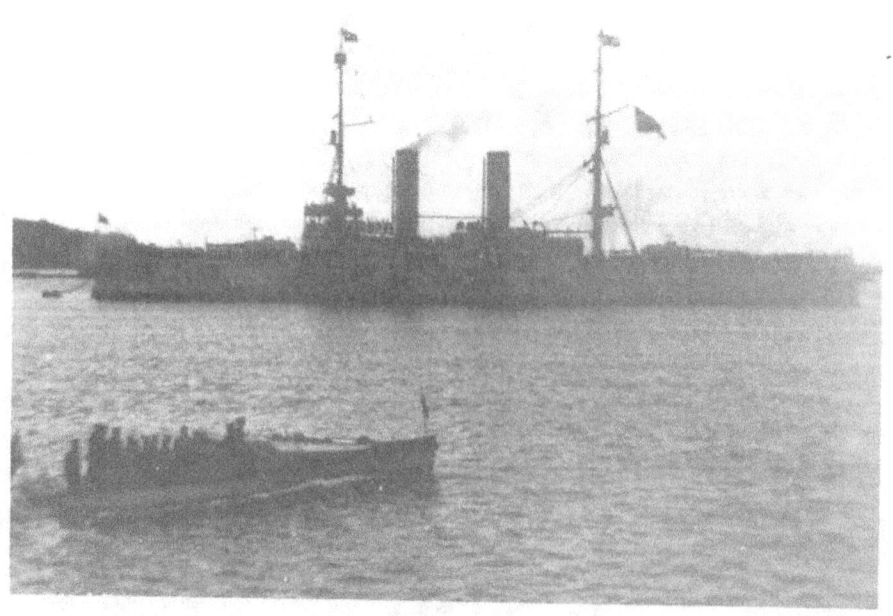

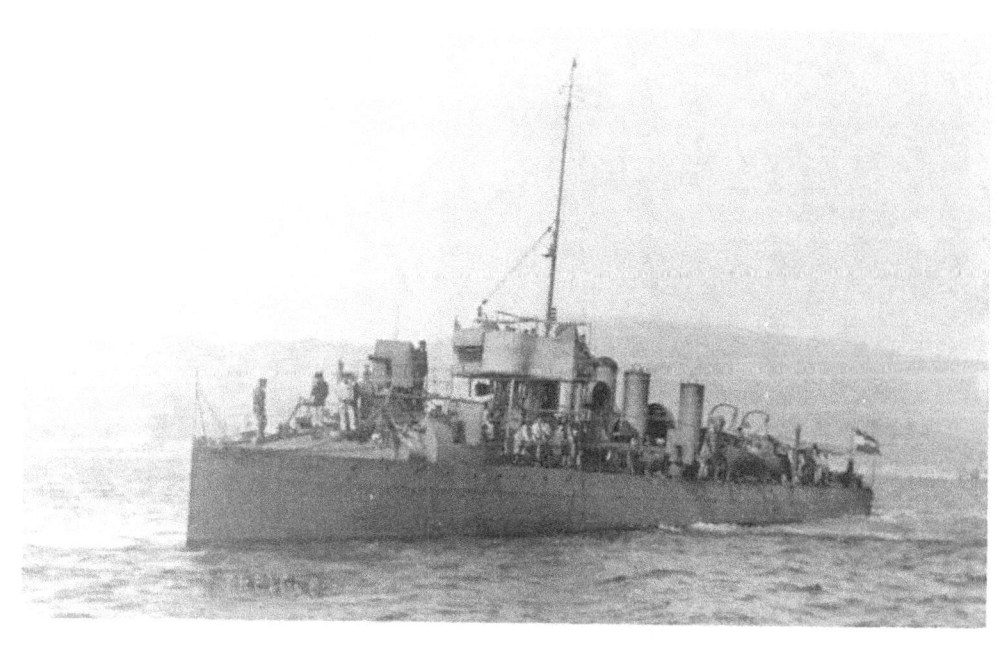

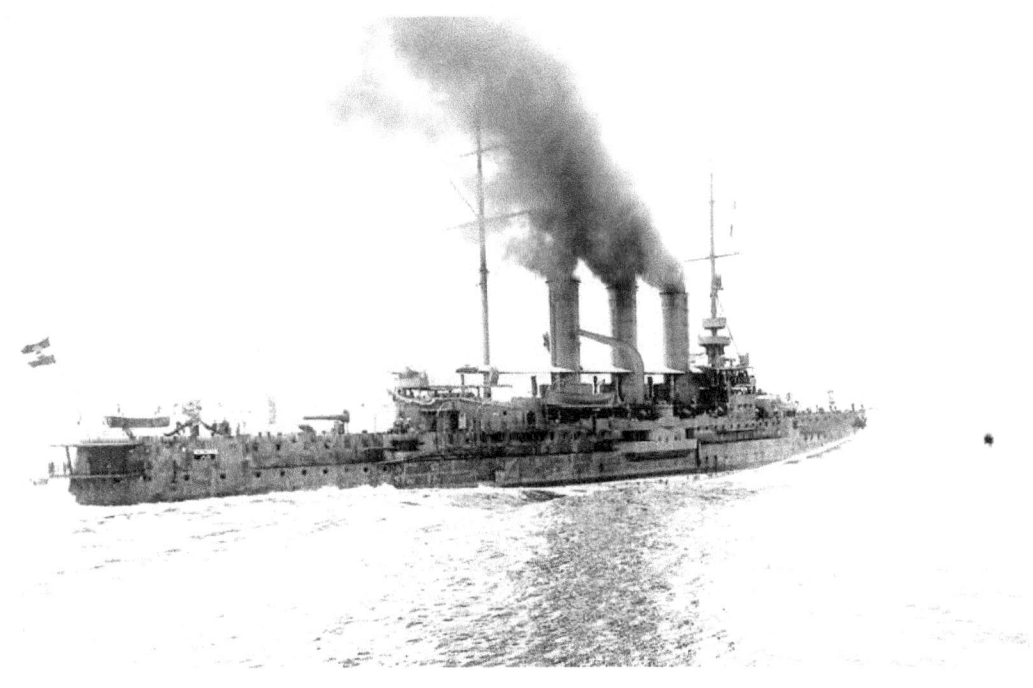

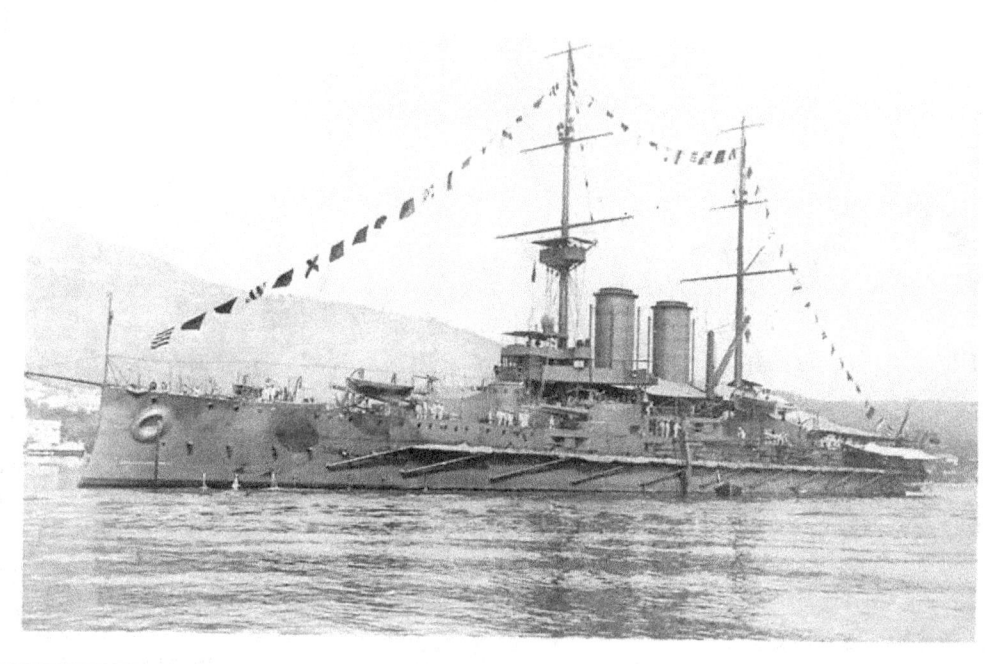

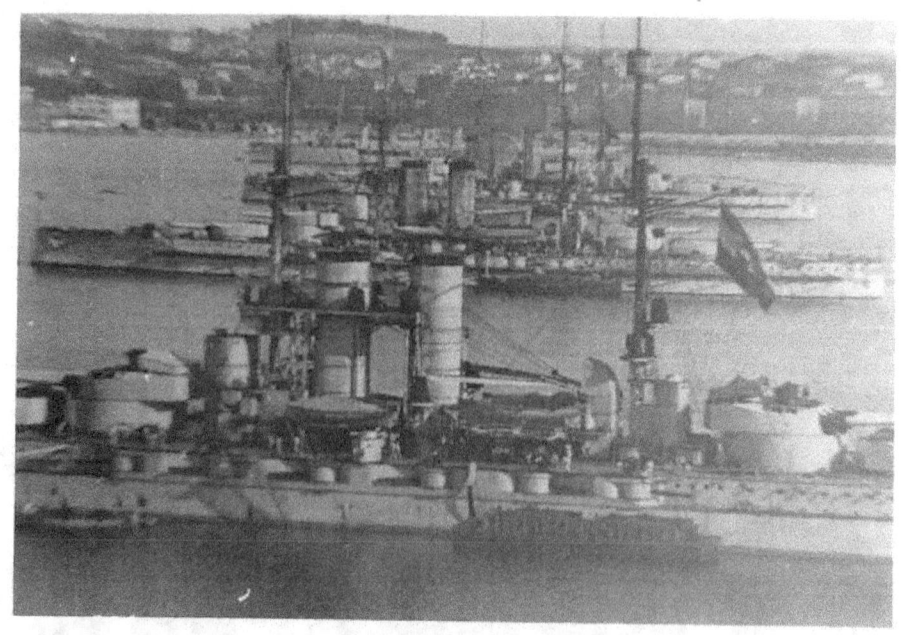

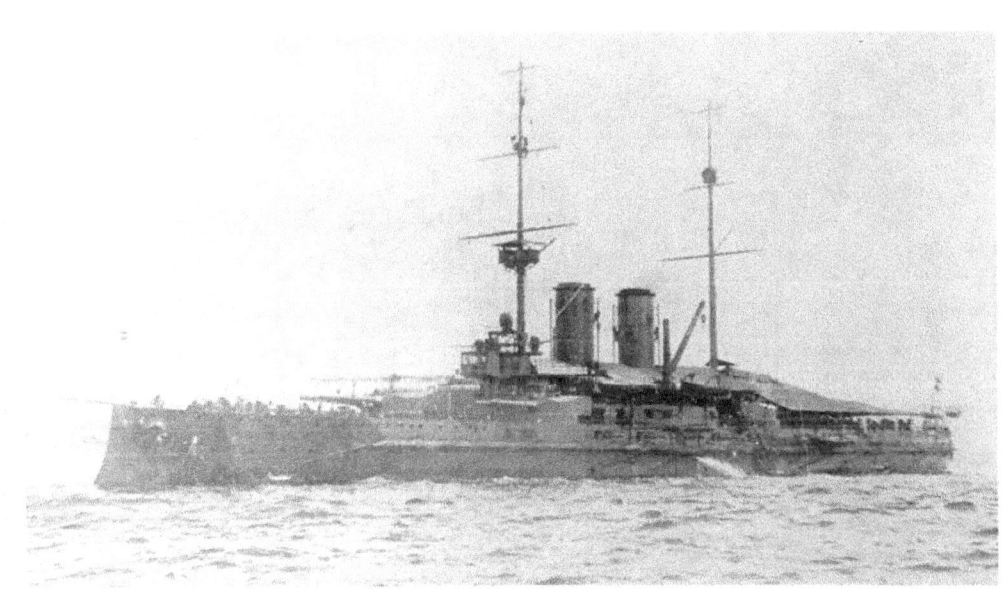

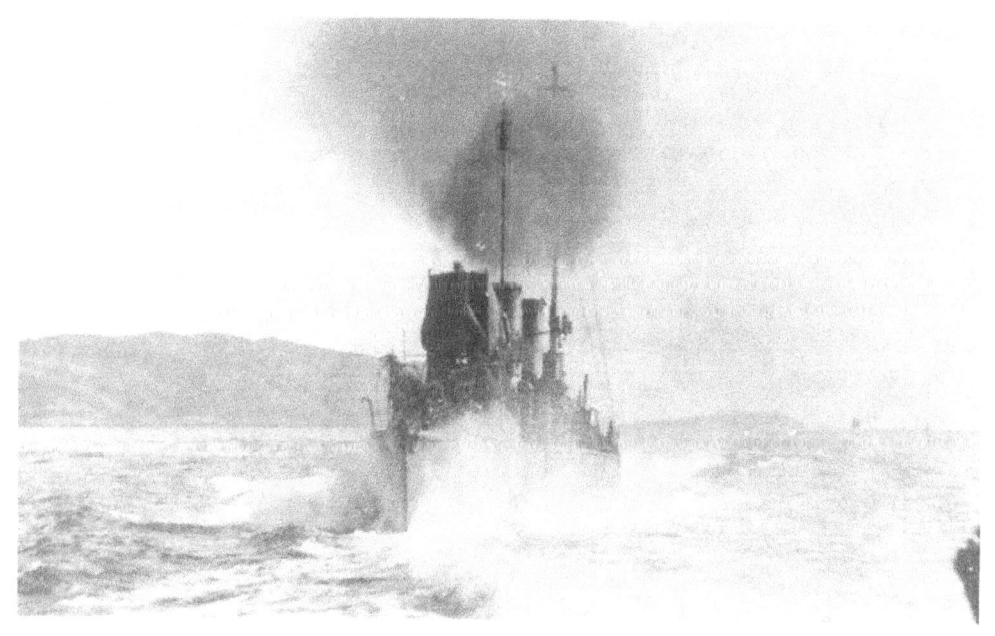

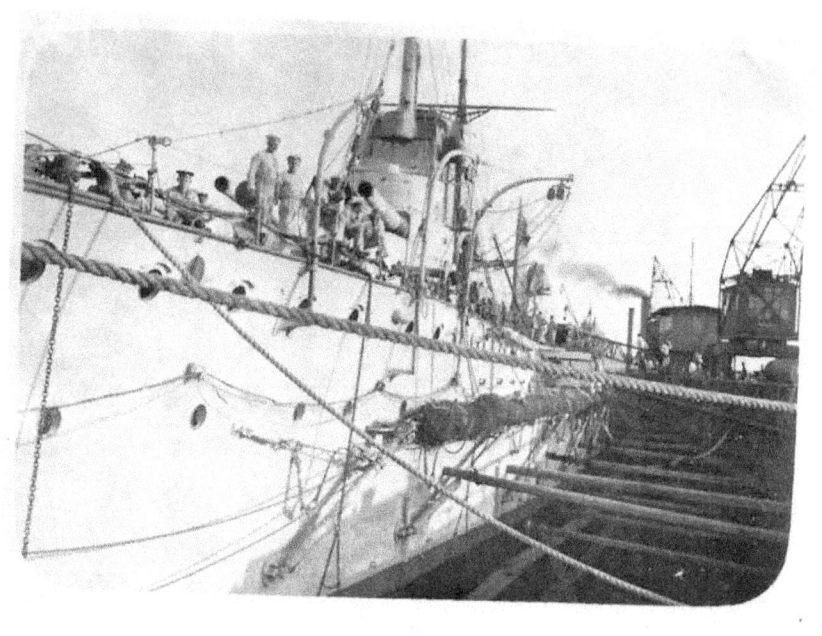

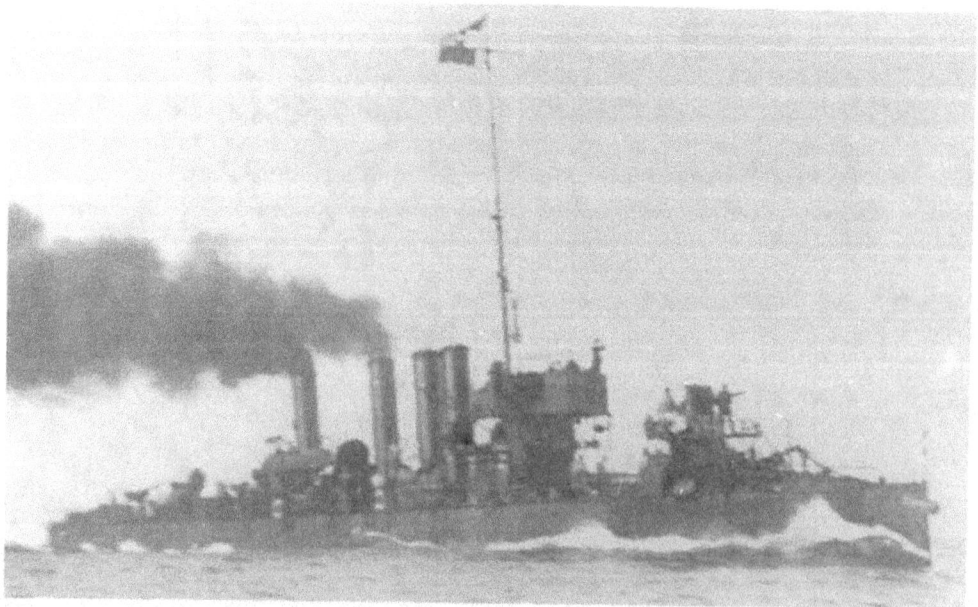

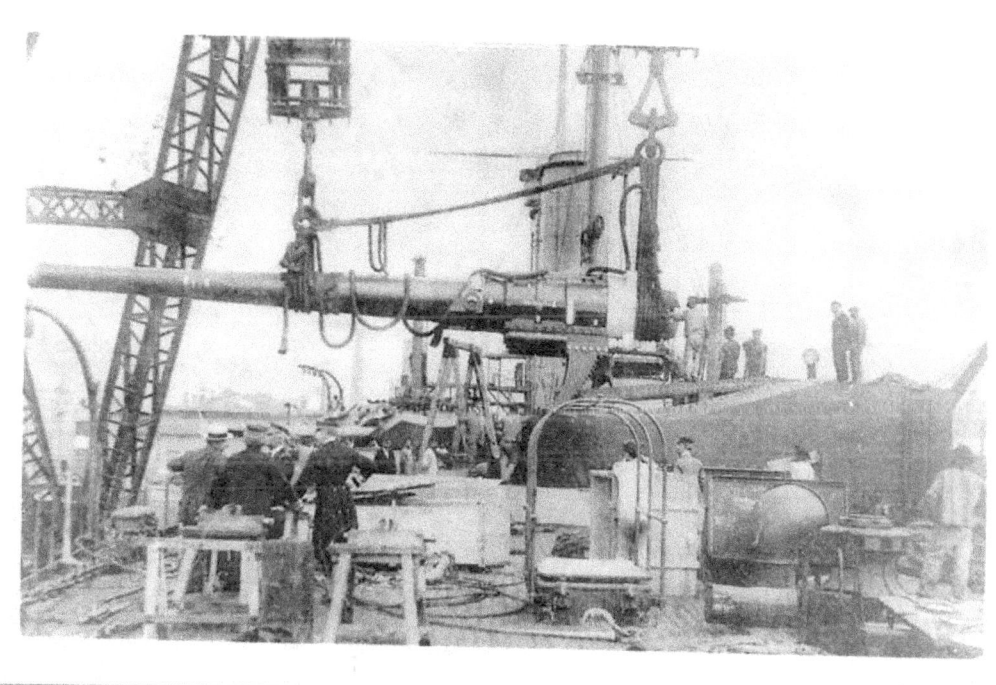

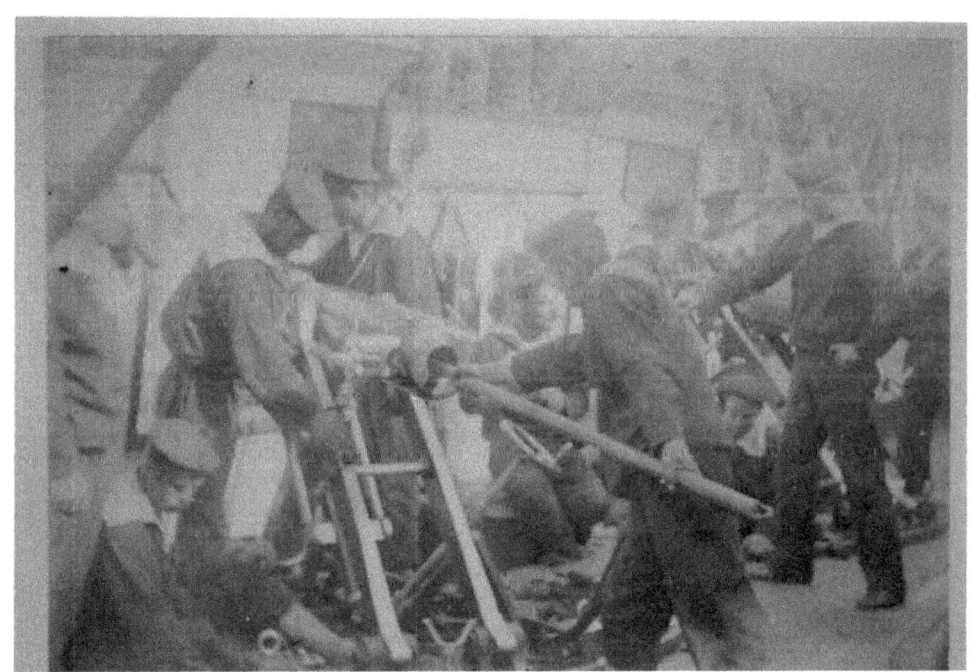

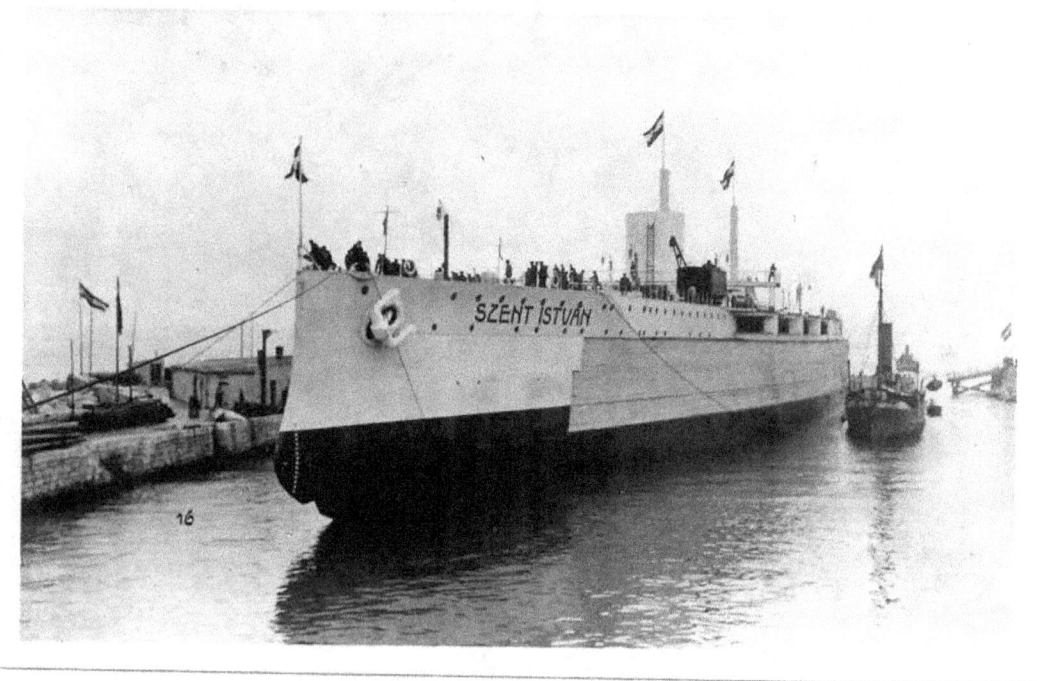

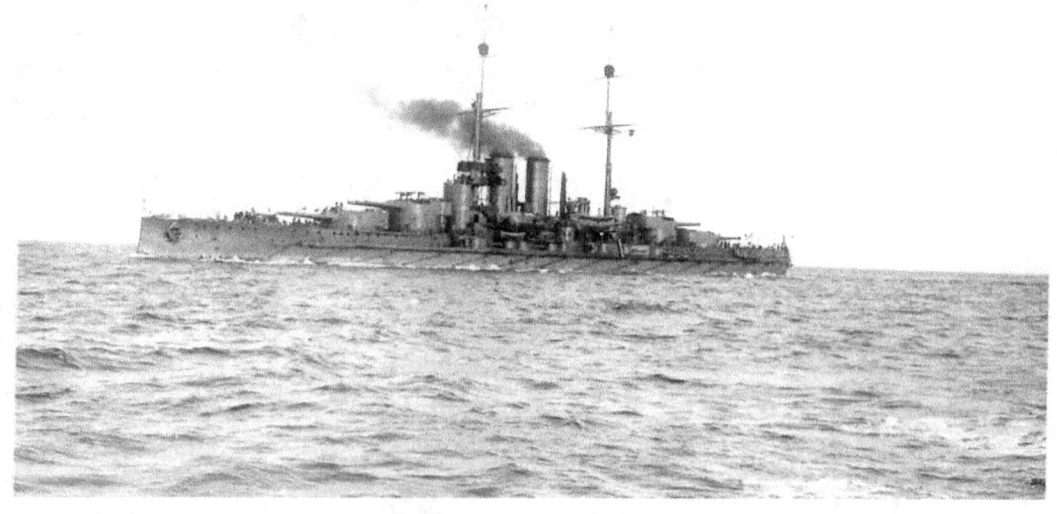

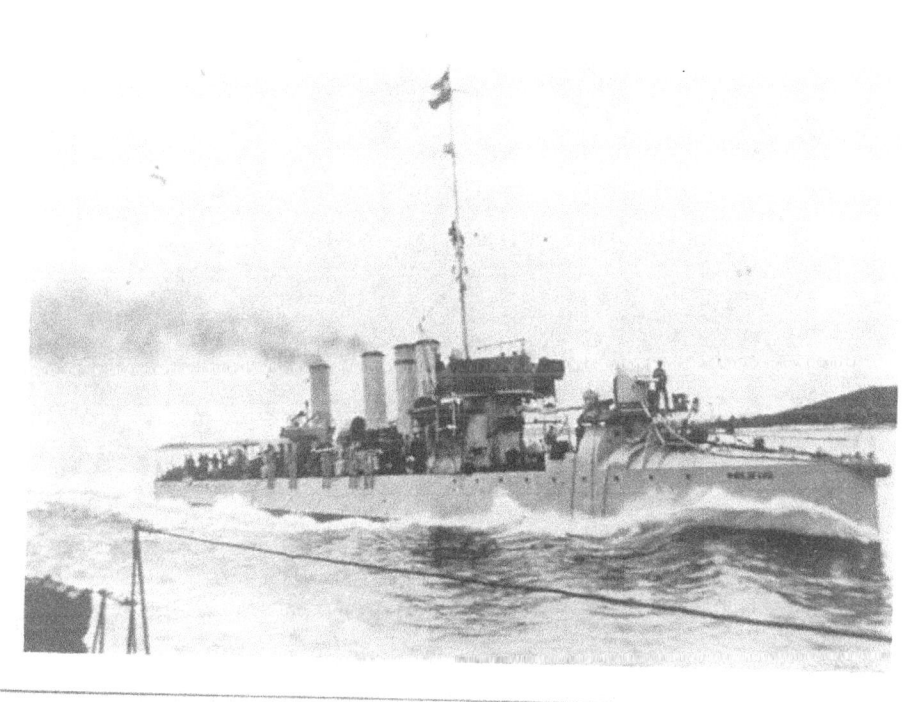

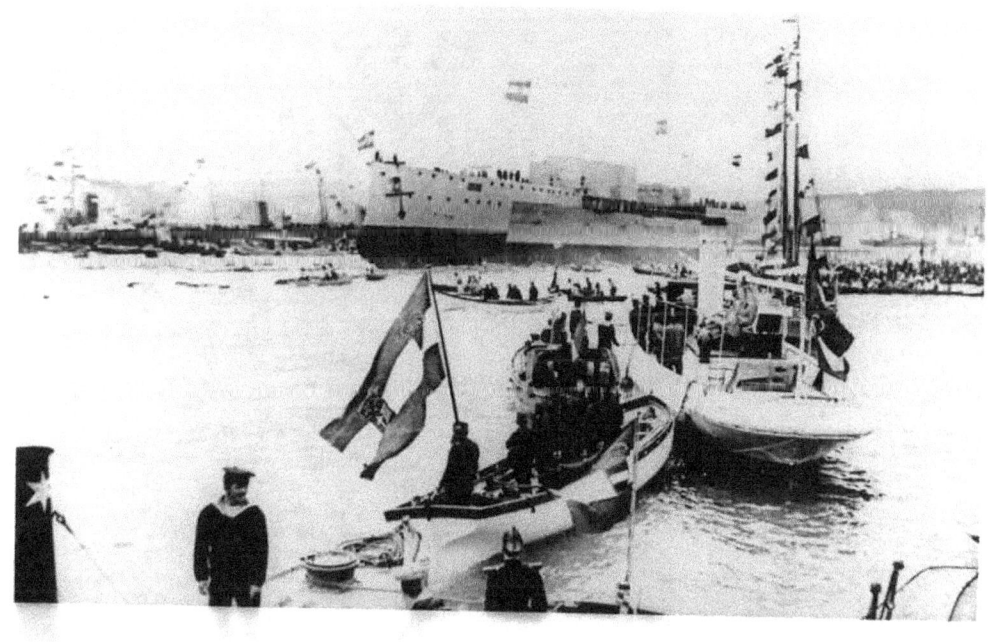

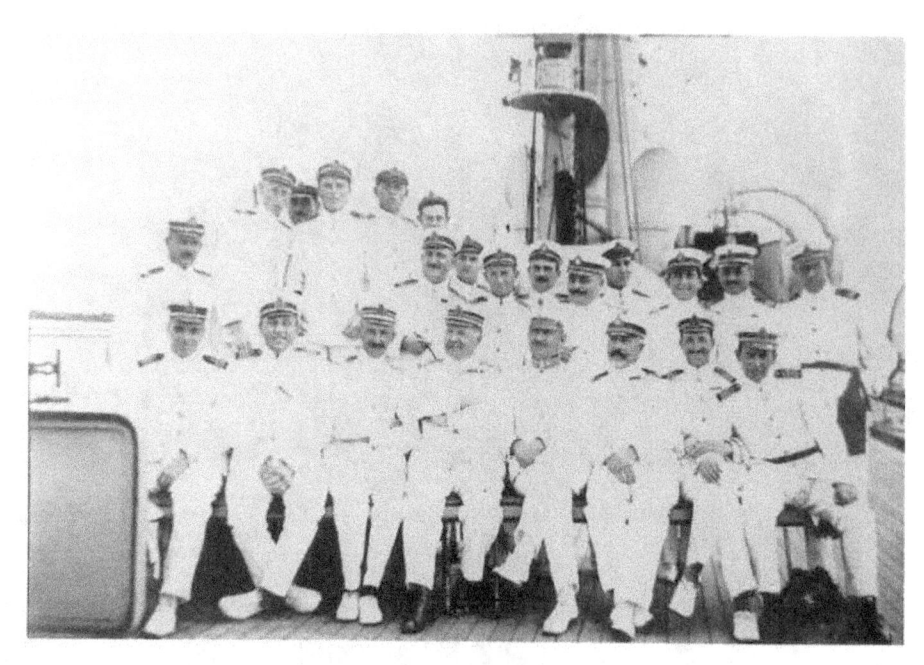

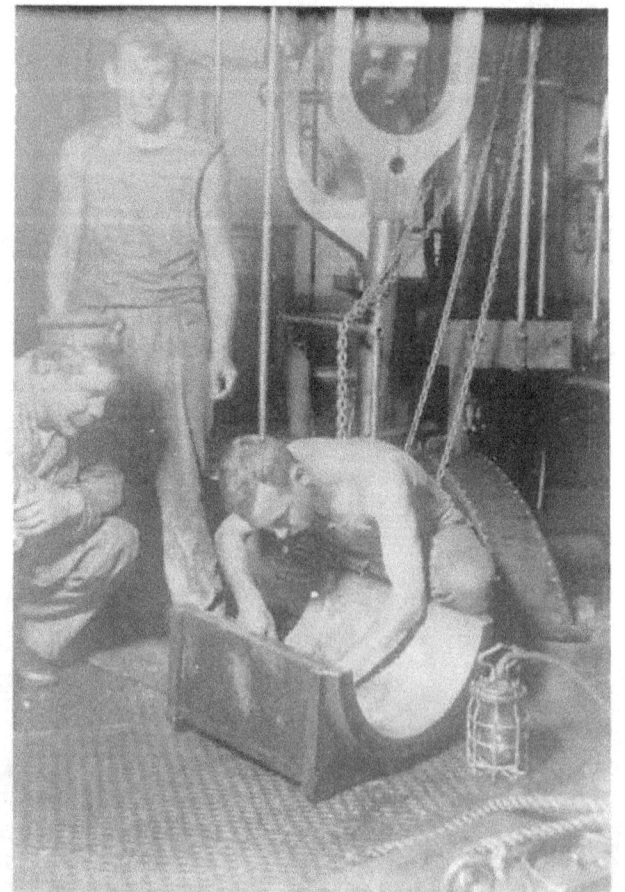

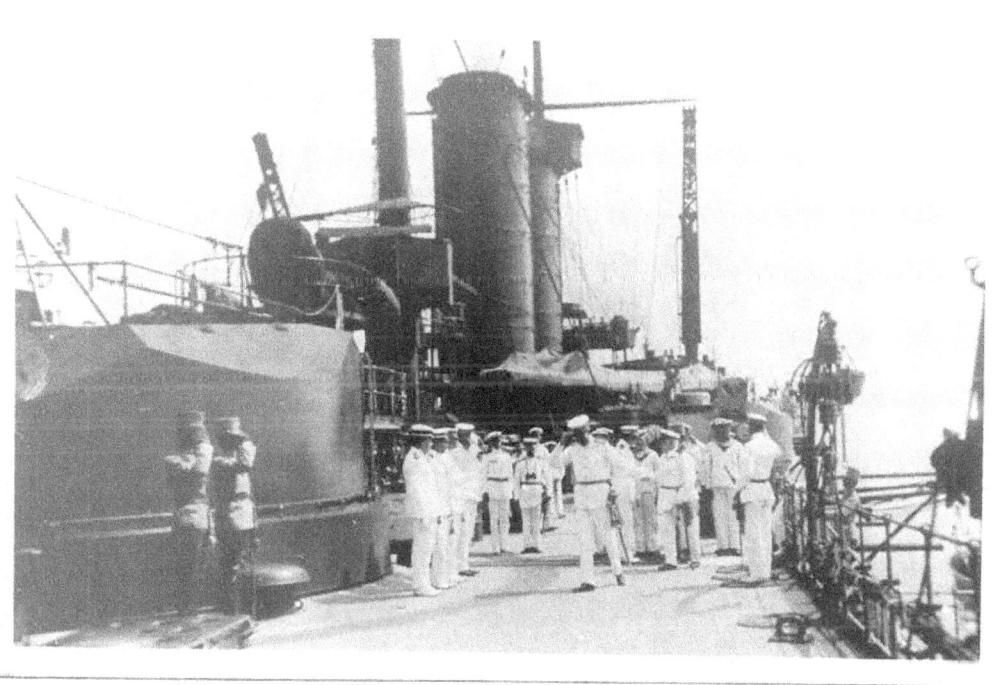

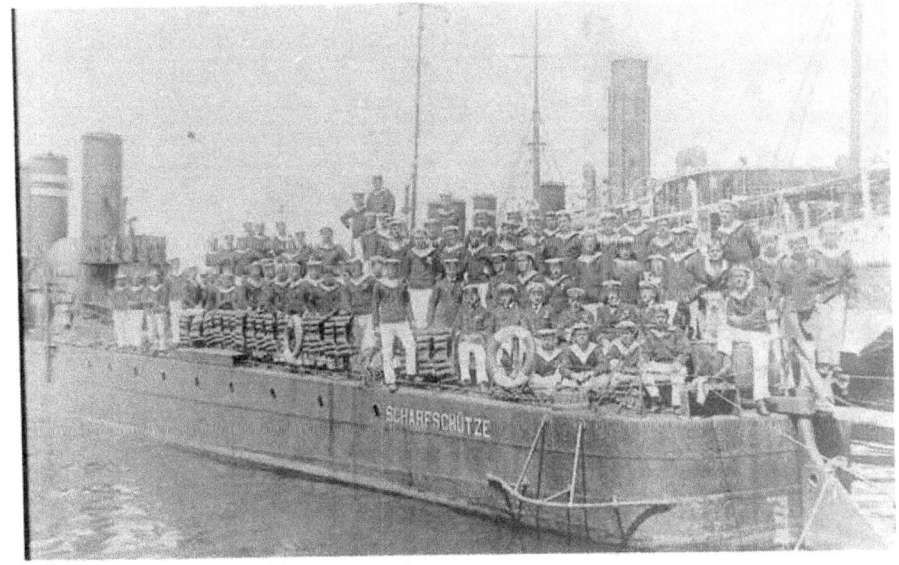

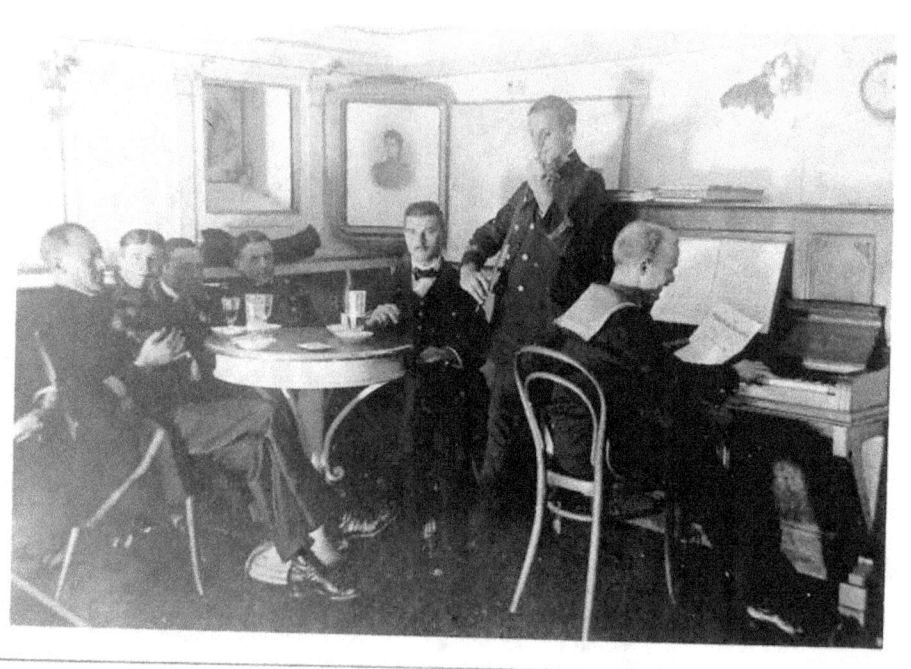

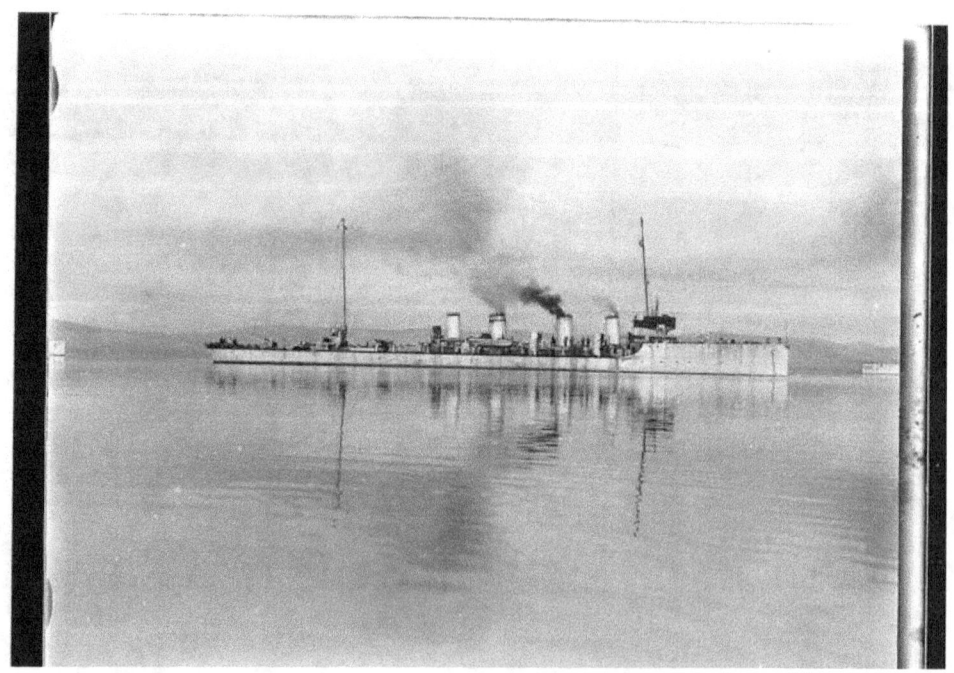

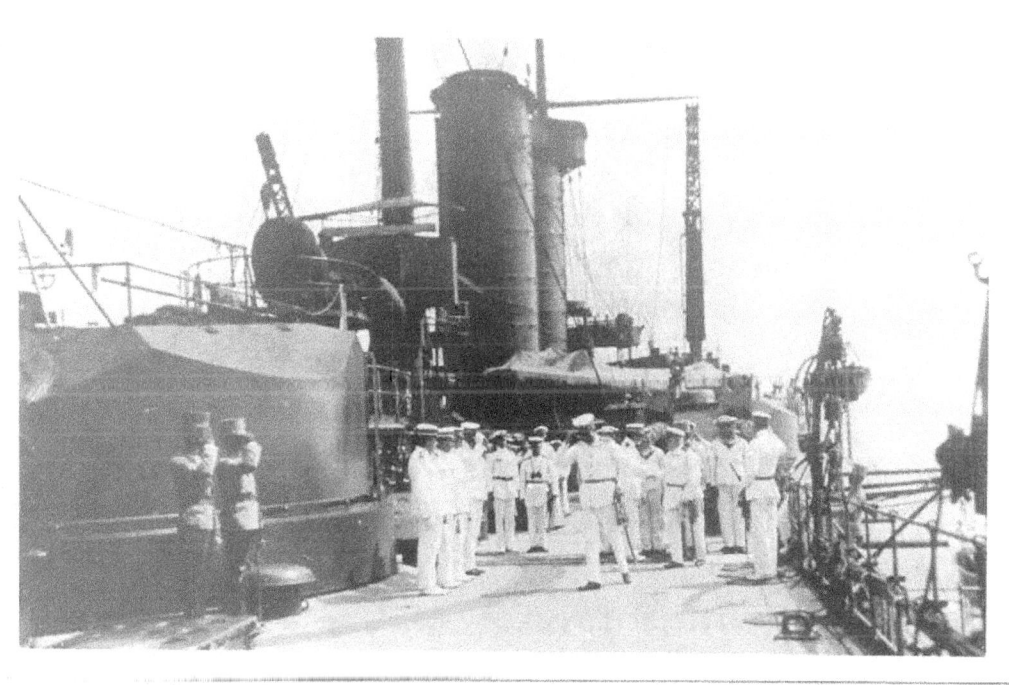

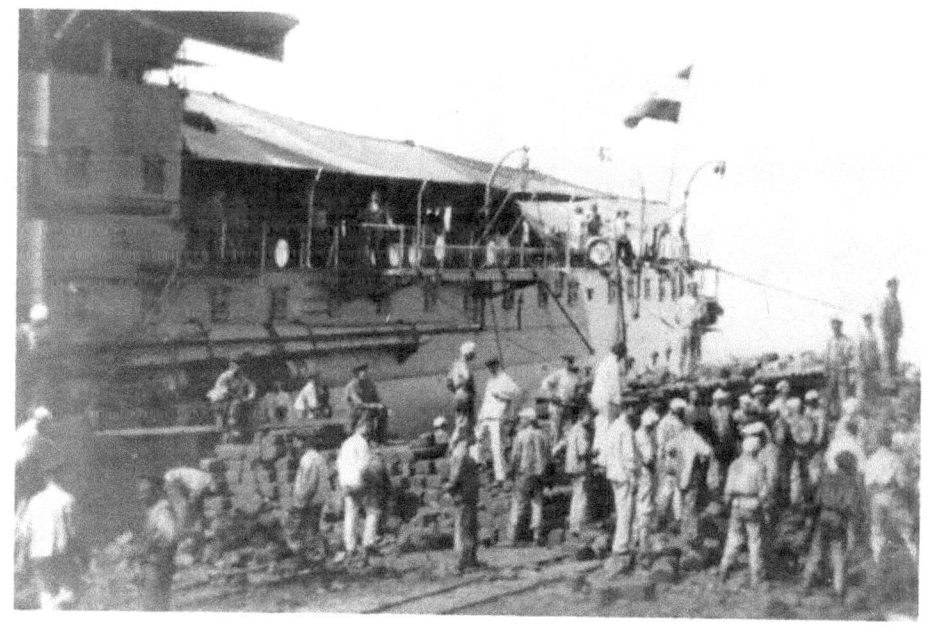

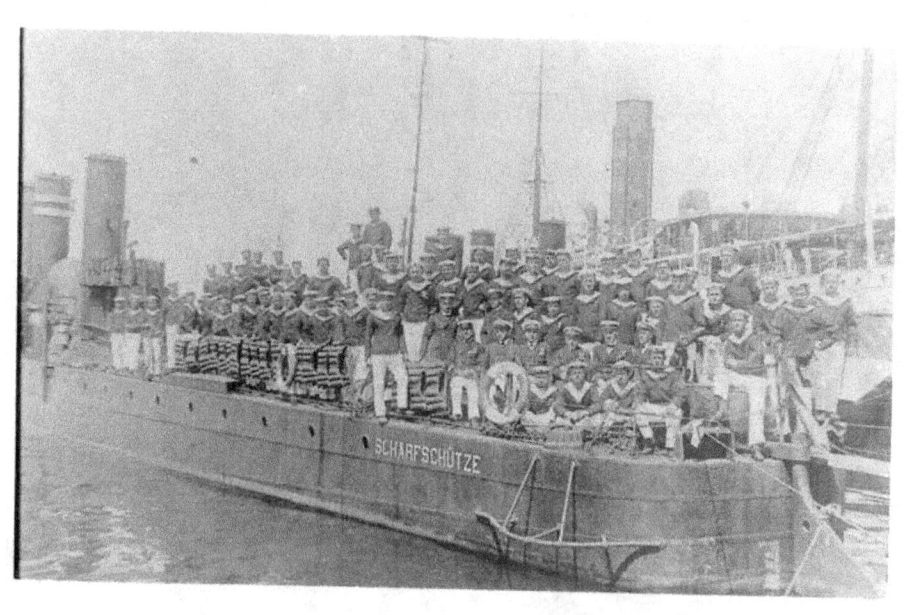

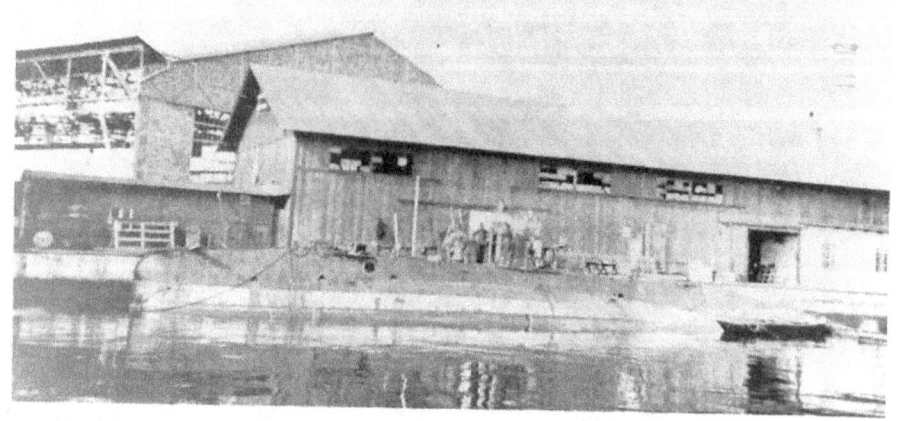

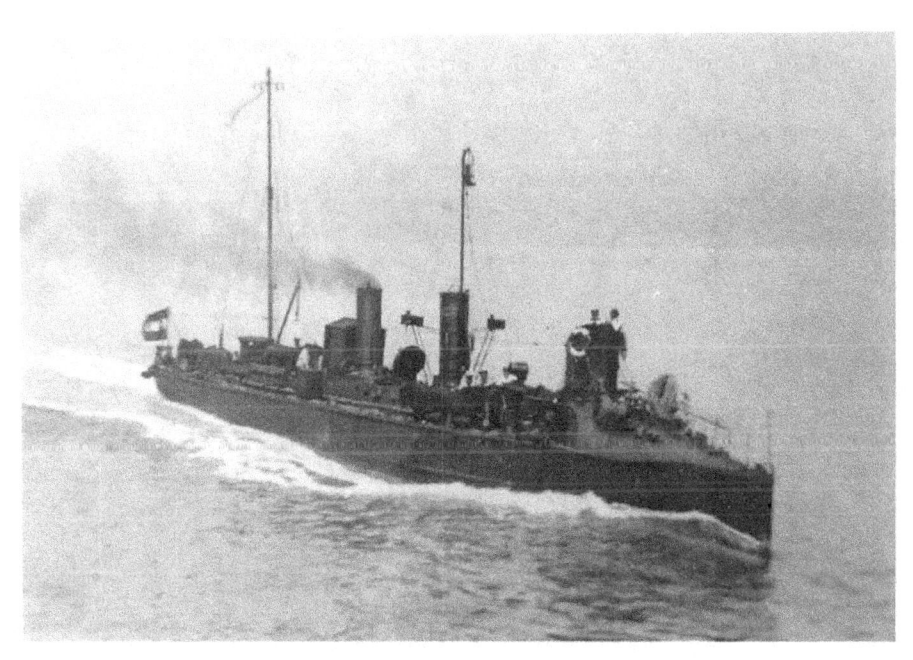

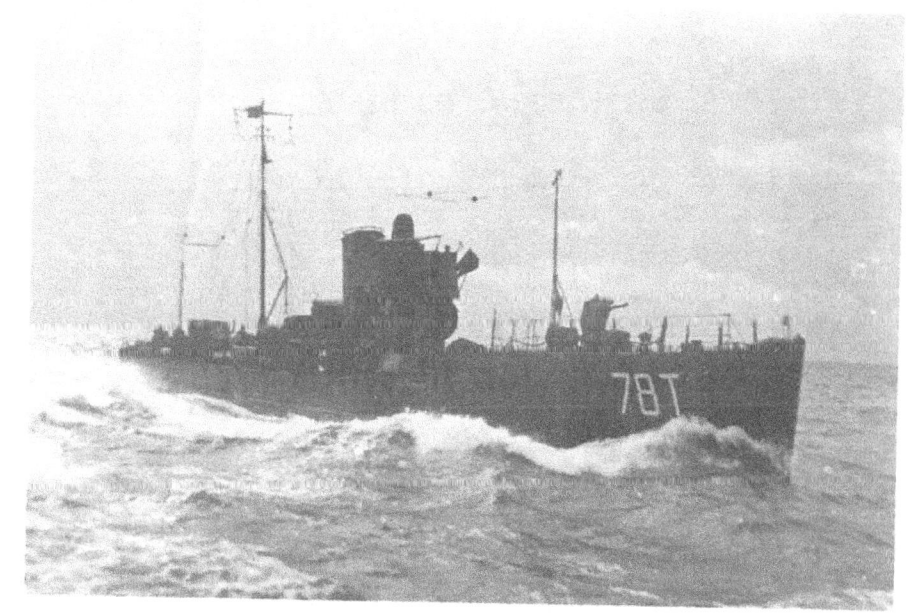

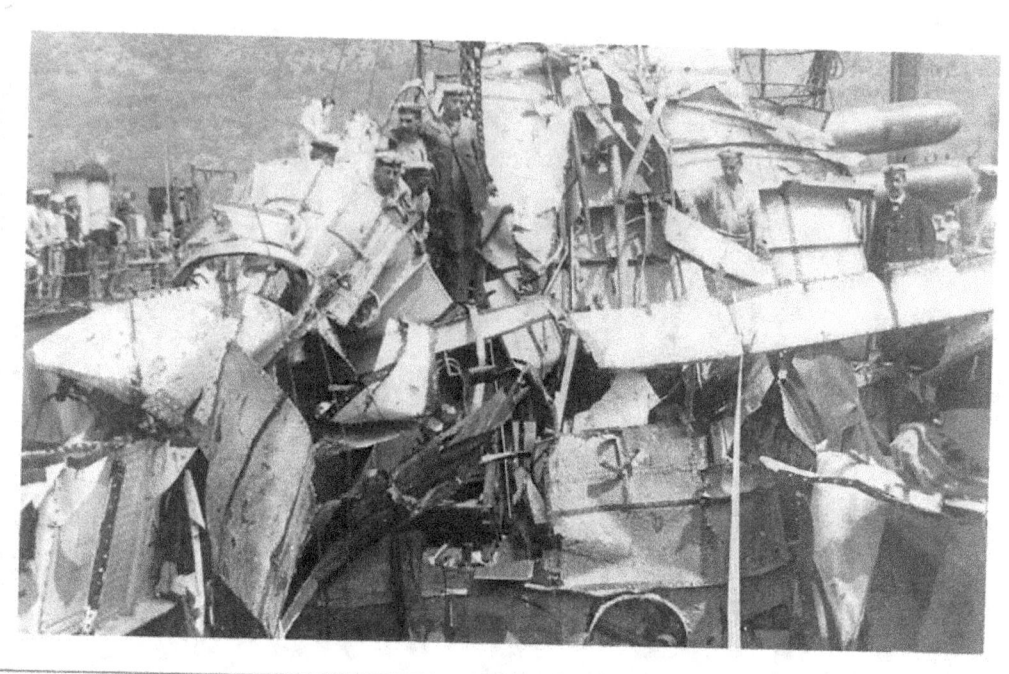

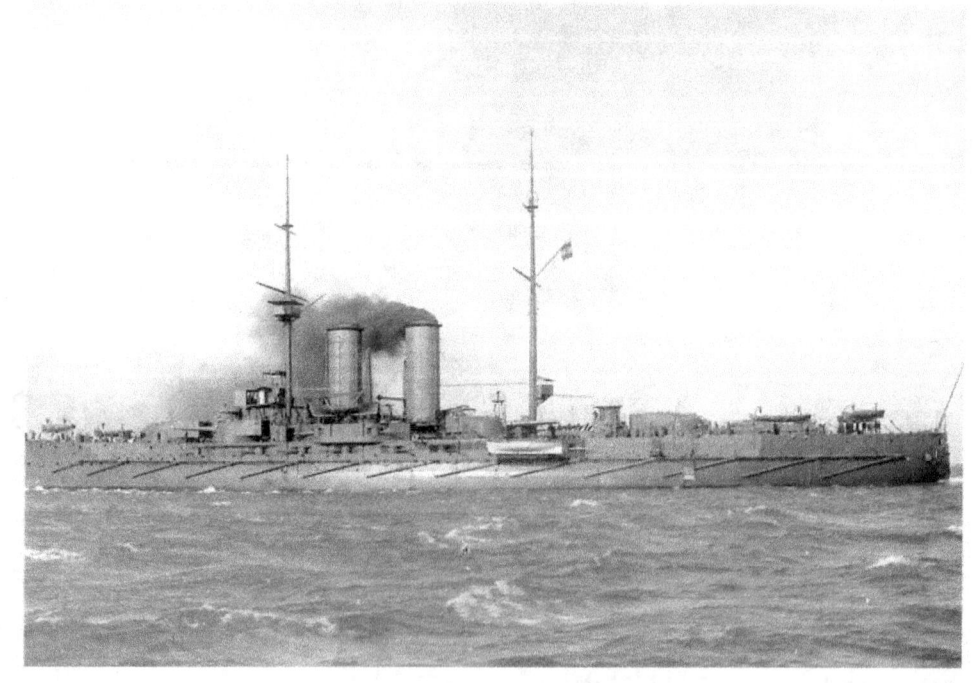

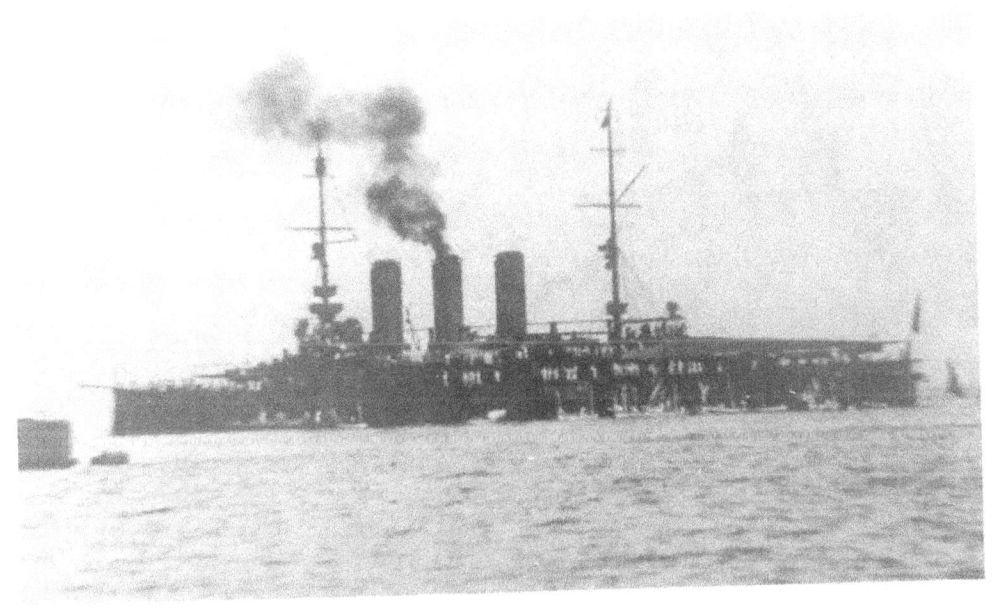

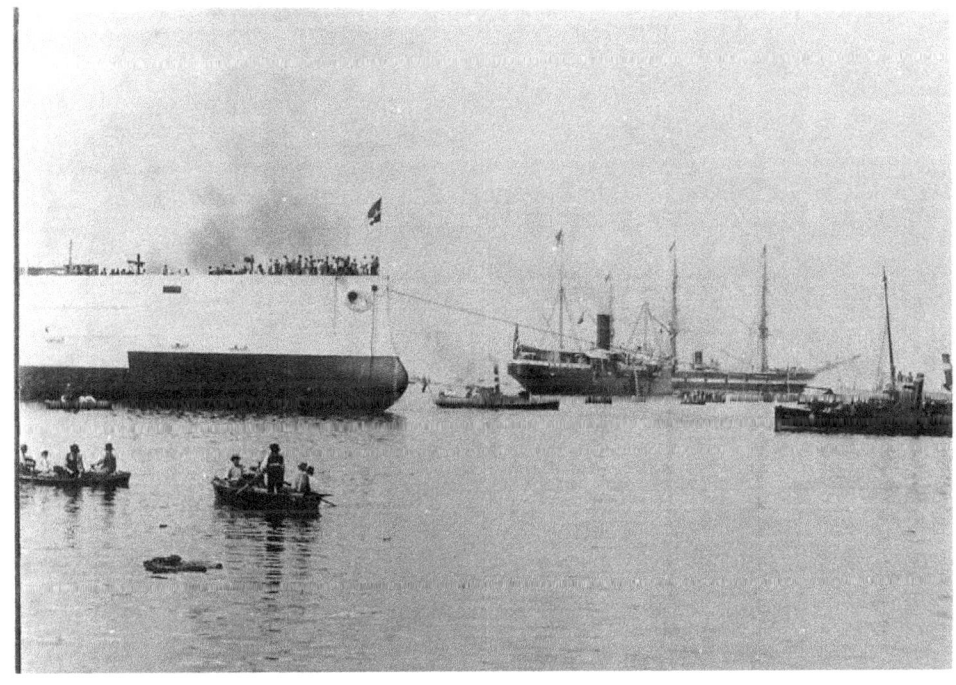

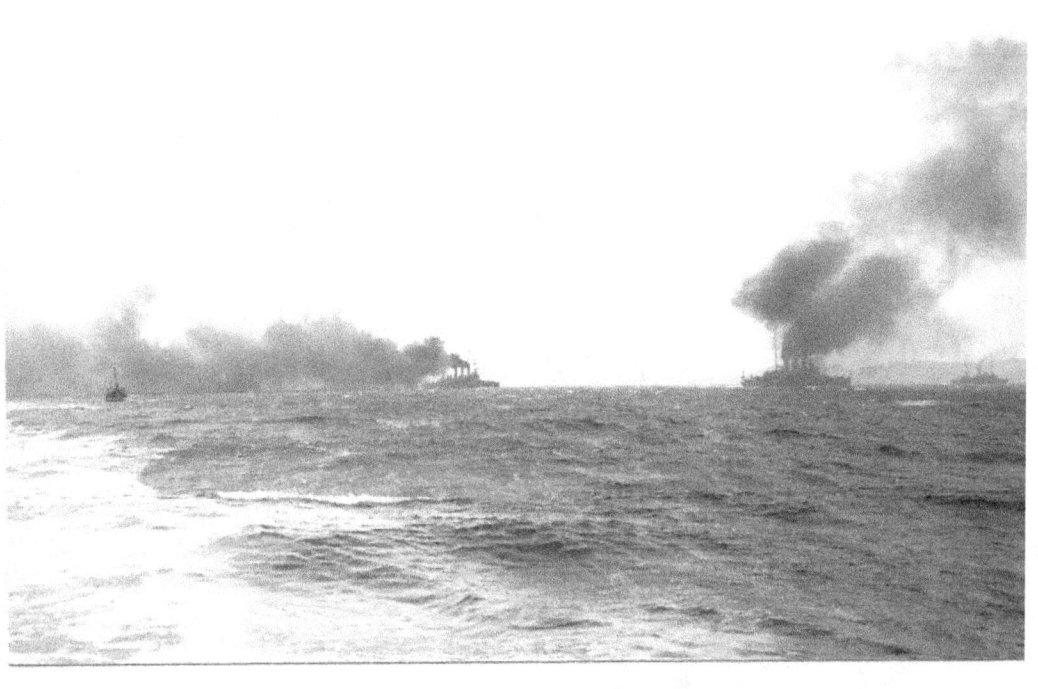

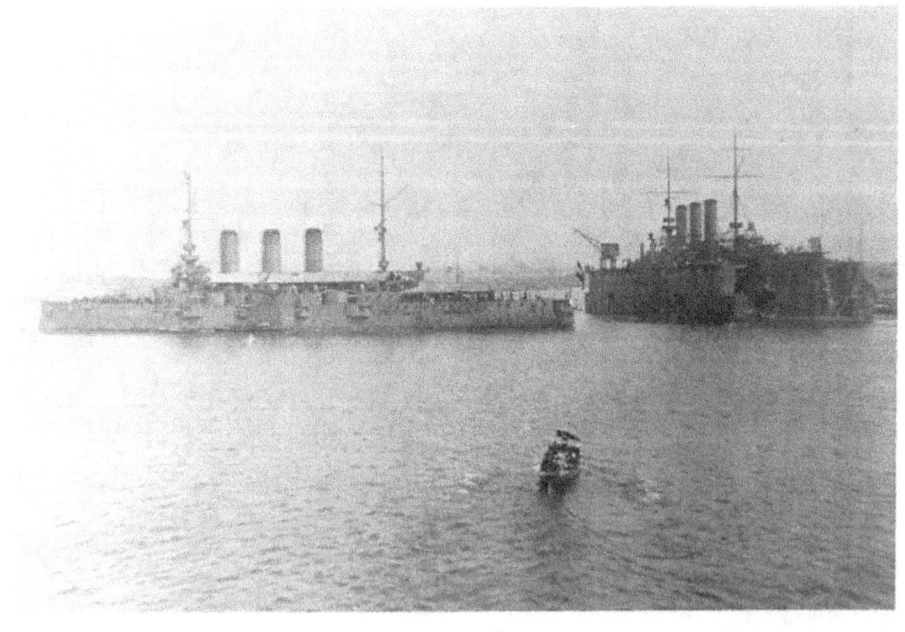

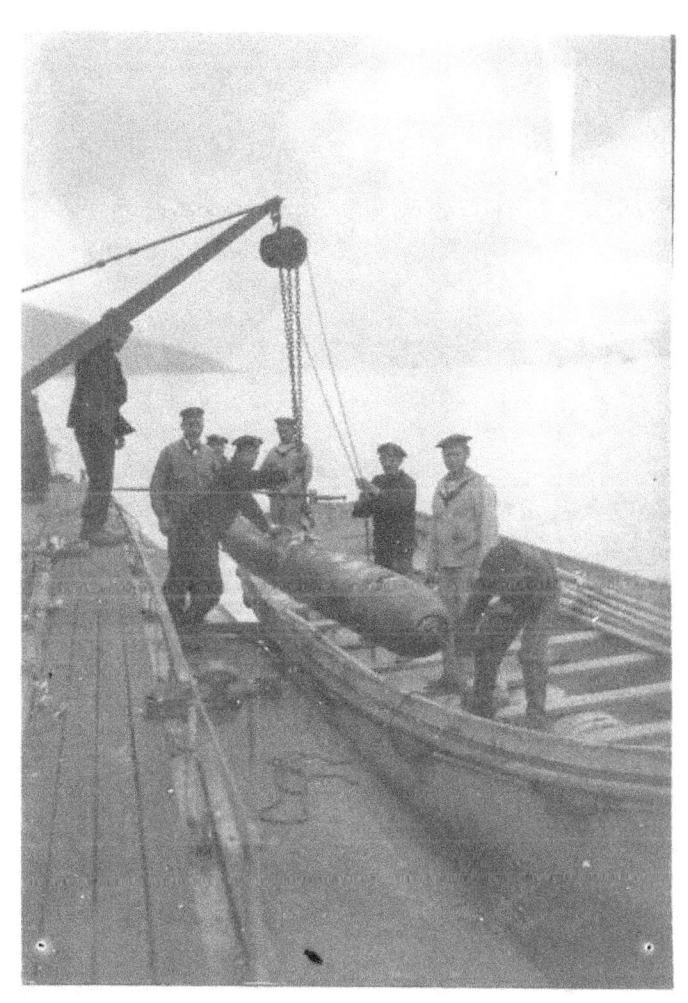

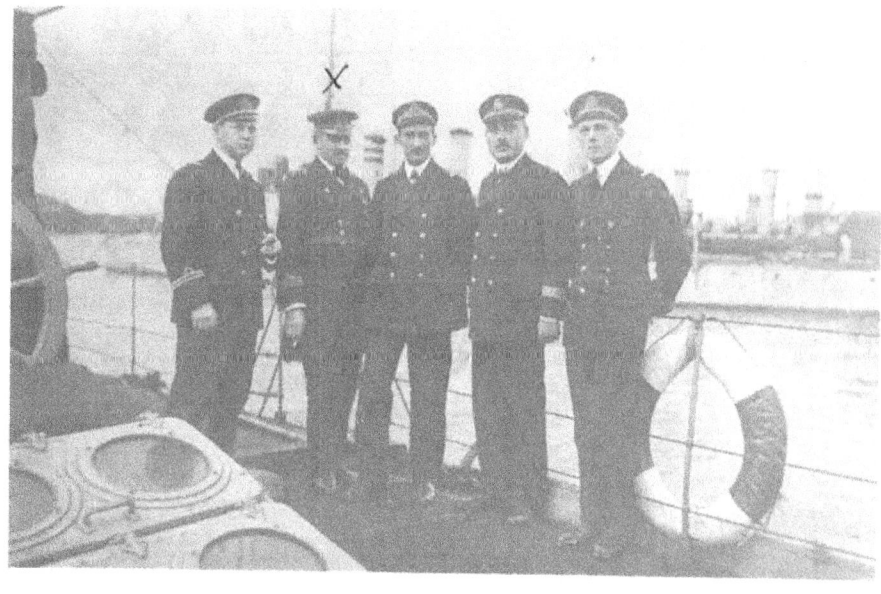

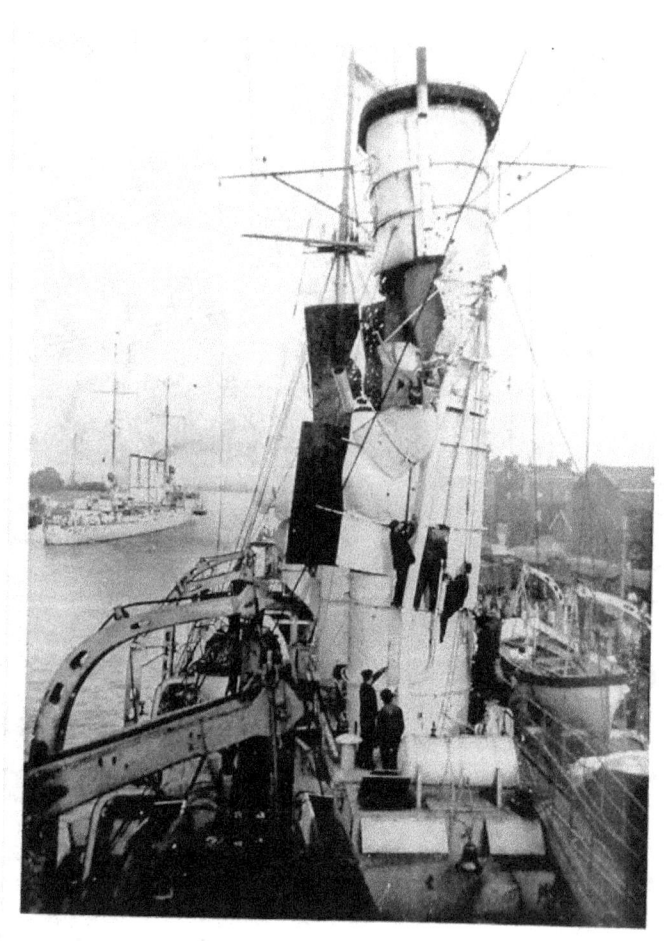

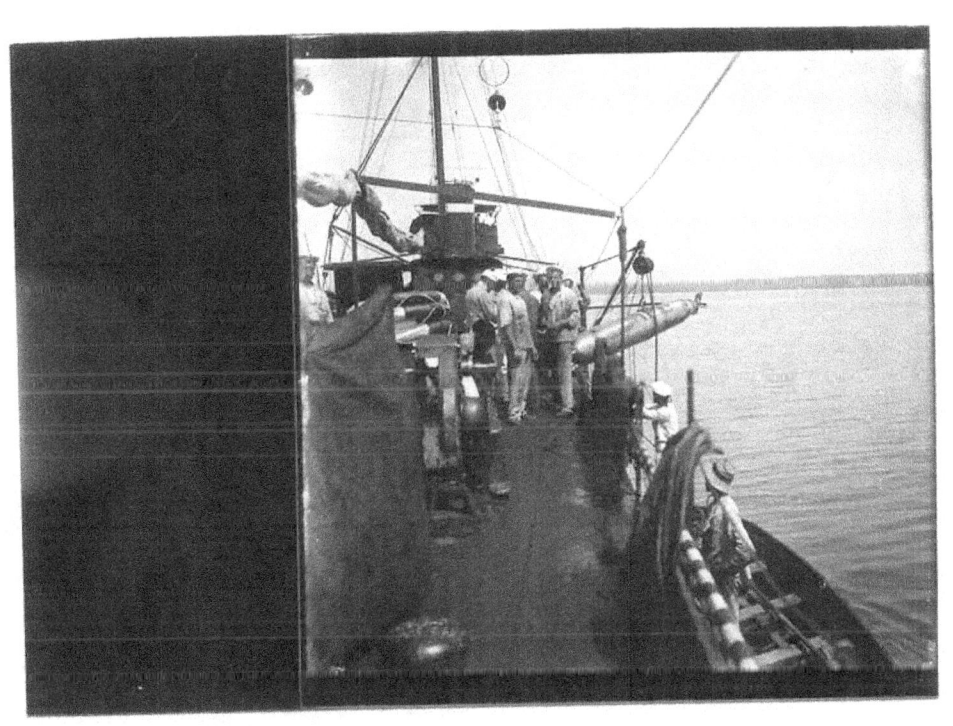

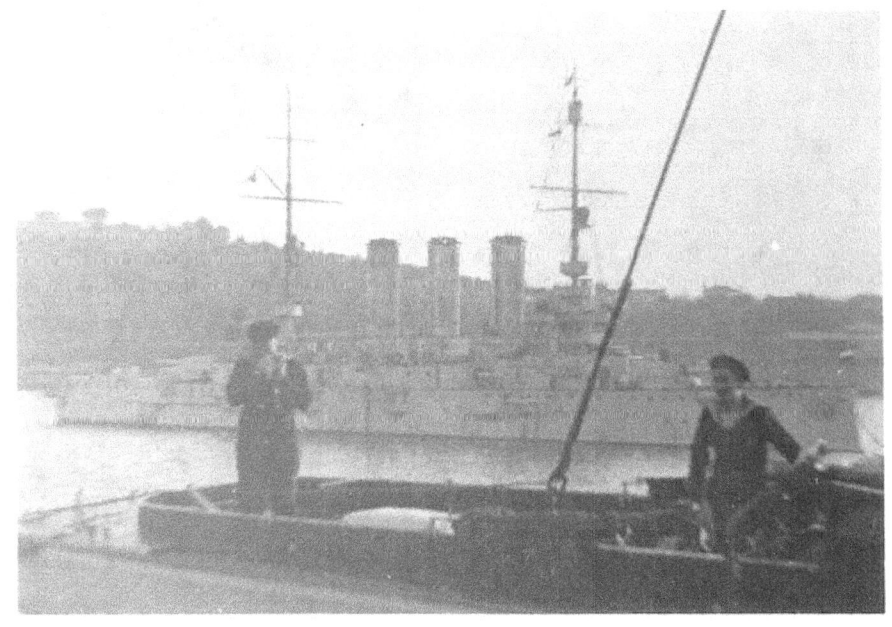

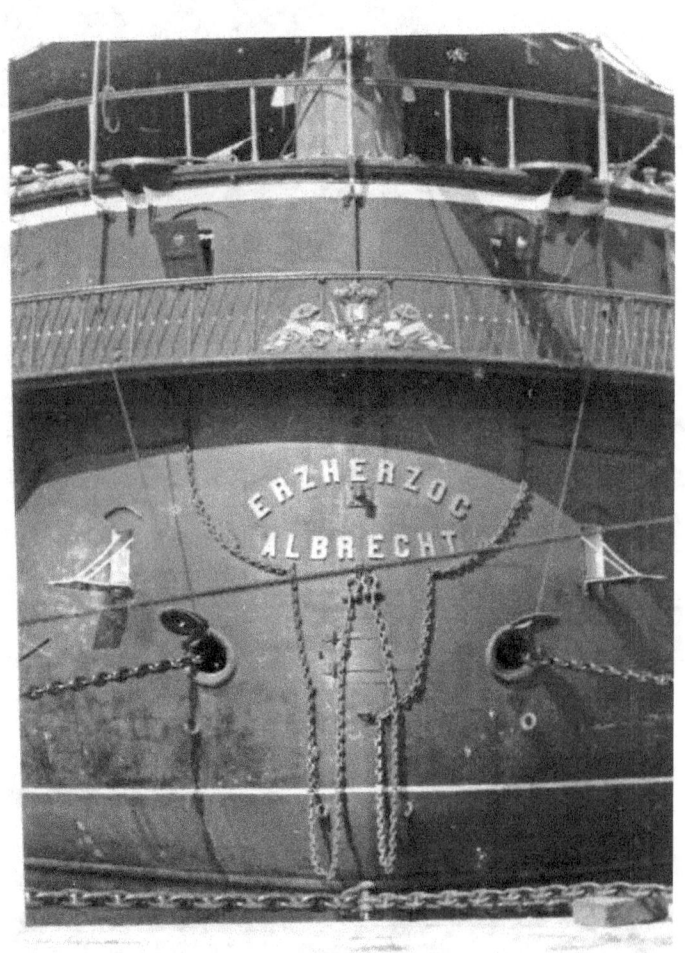

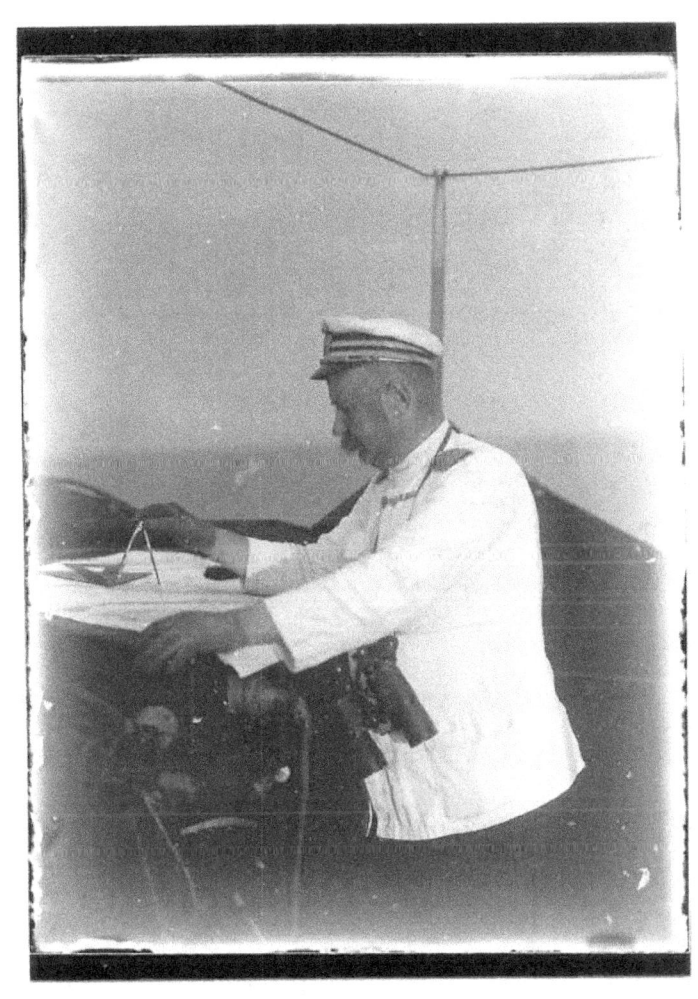

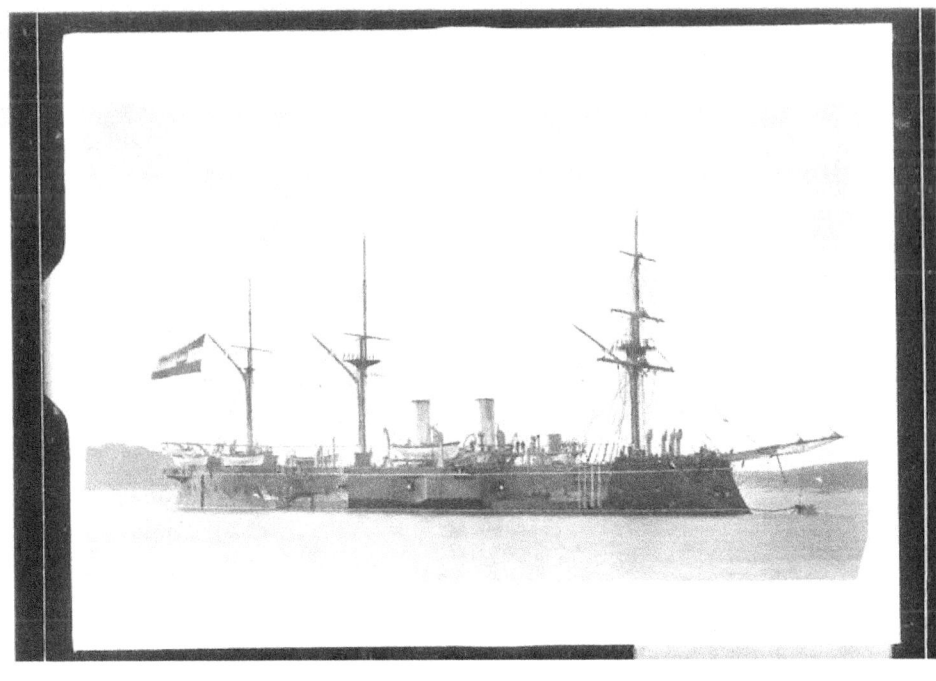

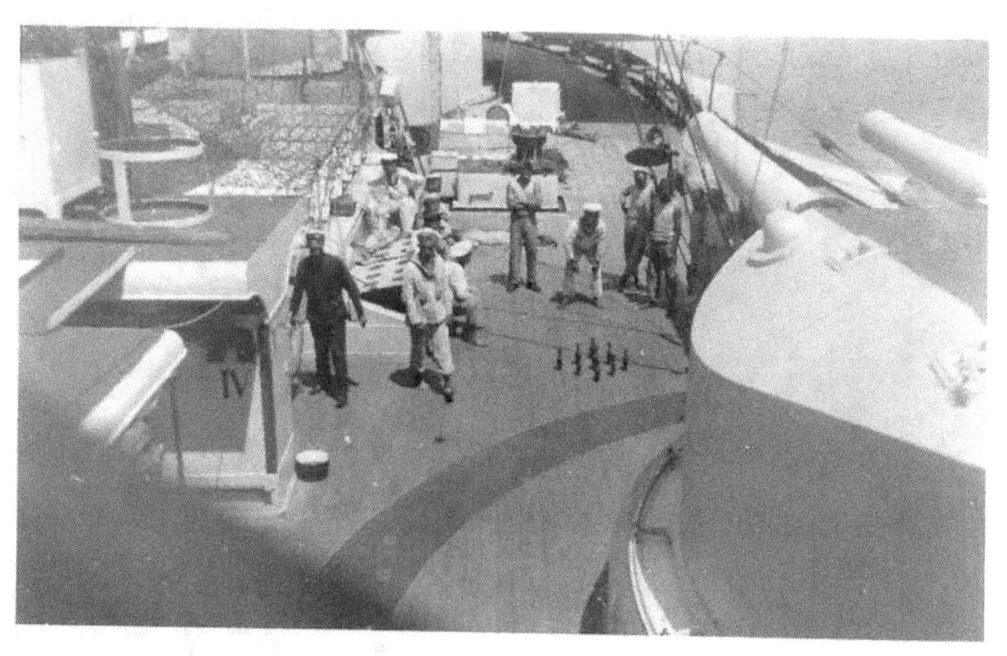

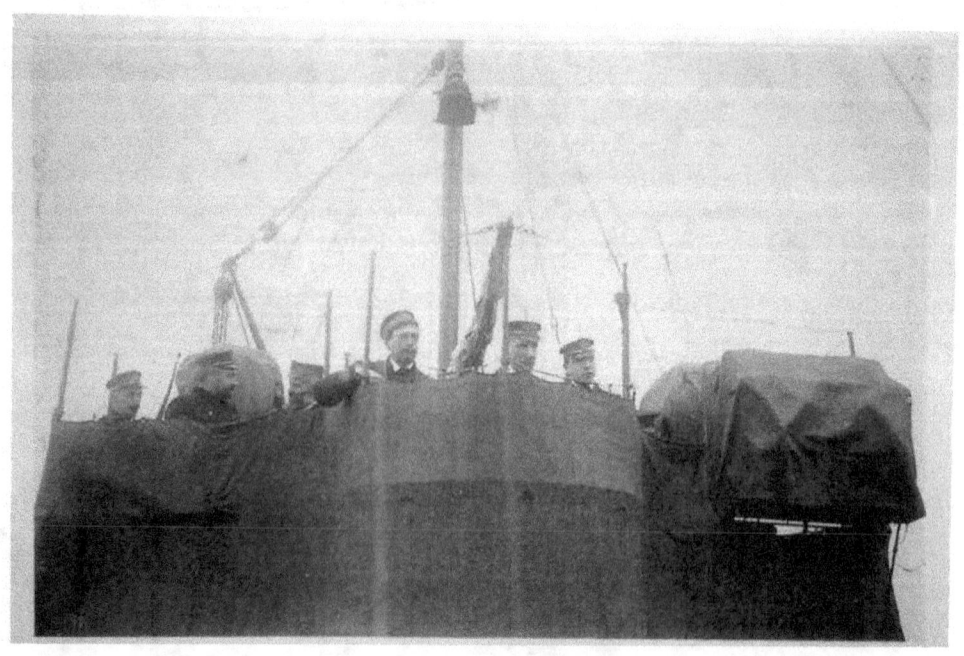

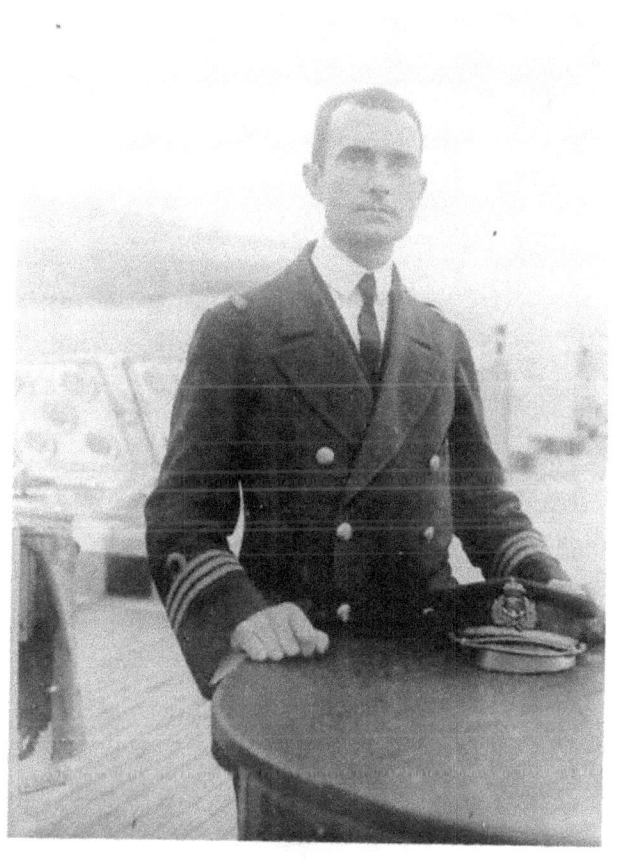

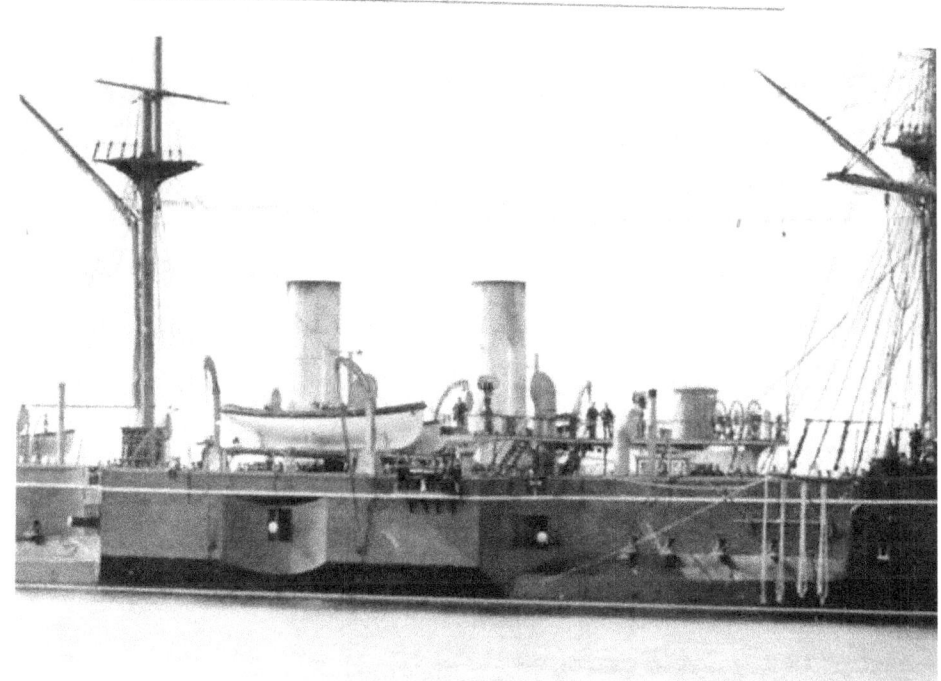

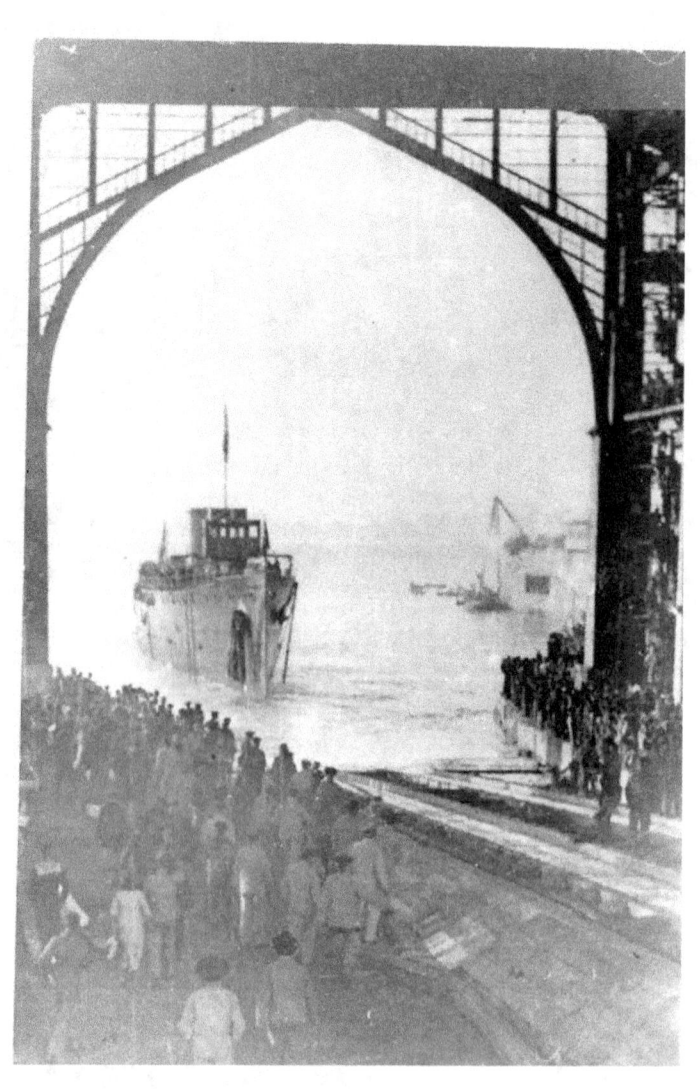

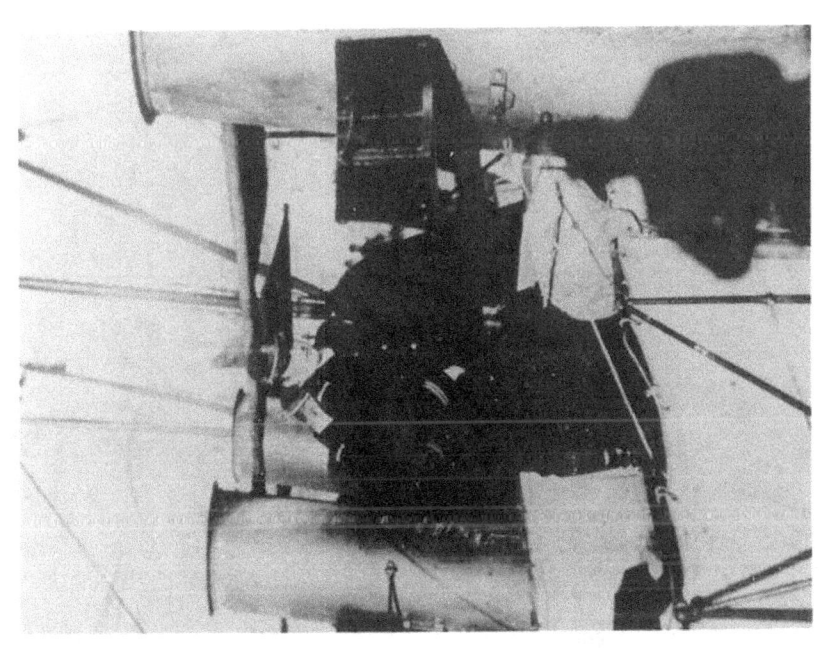

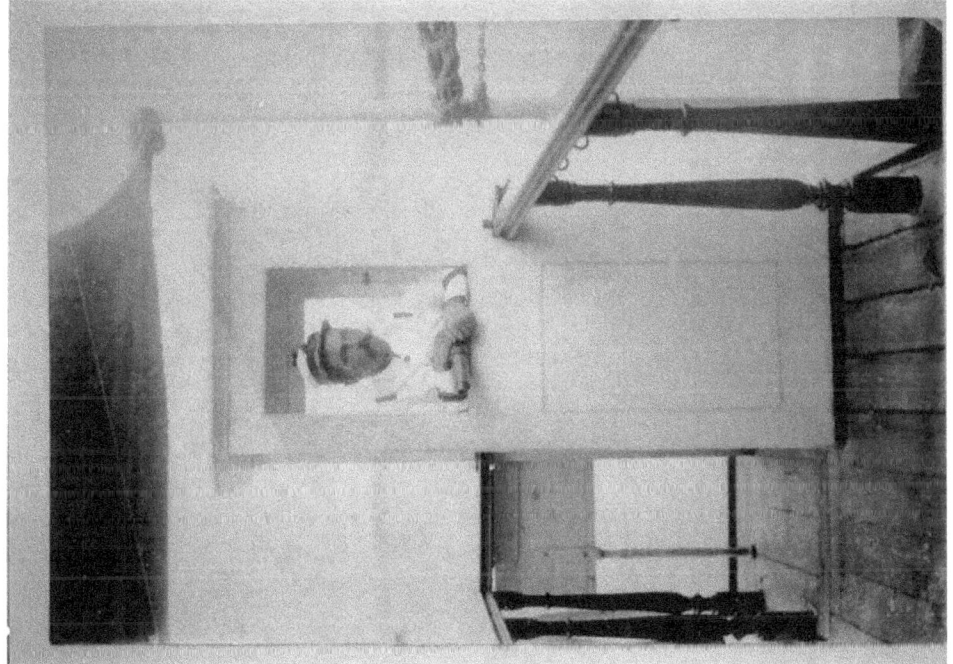

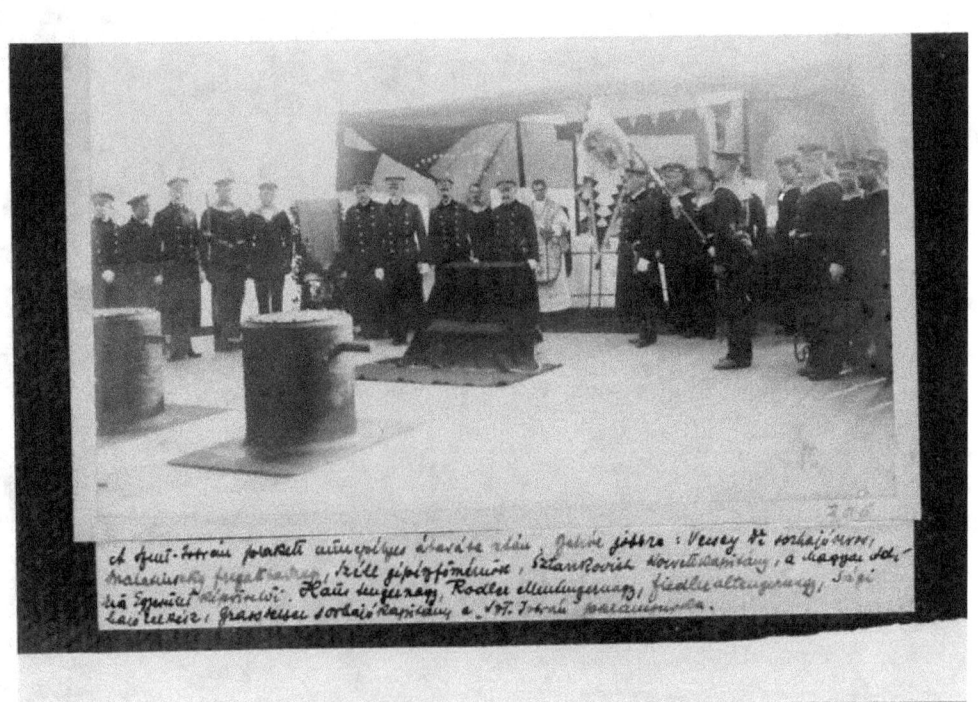

A Szent-István vízrebocsátás ünnepélyes aktusa után. Jobbra jobbra: Vecsey 2. sorhajómester, Makarovics fregattkapitány, Witte gépigazgatónk, Sztankovics követtkapitány, a magyar stb. Szentei kitüntetői. Haus tengernagy, Rodler ellentengernagy, Fiedler altengernagy, Sapi Laió testőre, Graskiesi sorhajókapitány a Szent István parancsnoka.

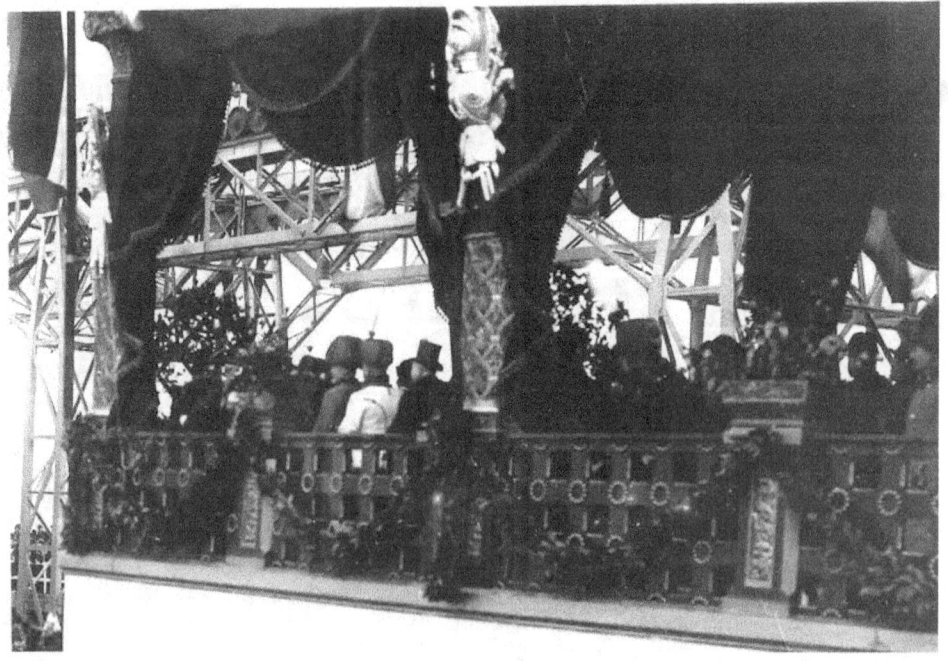

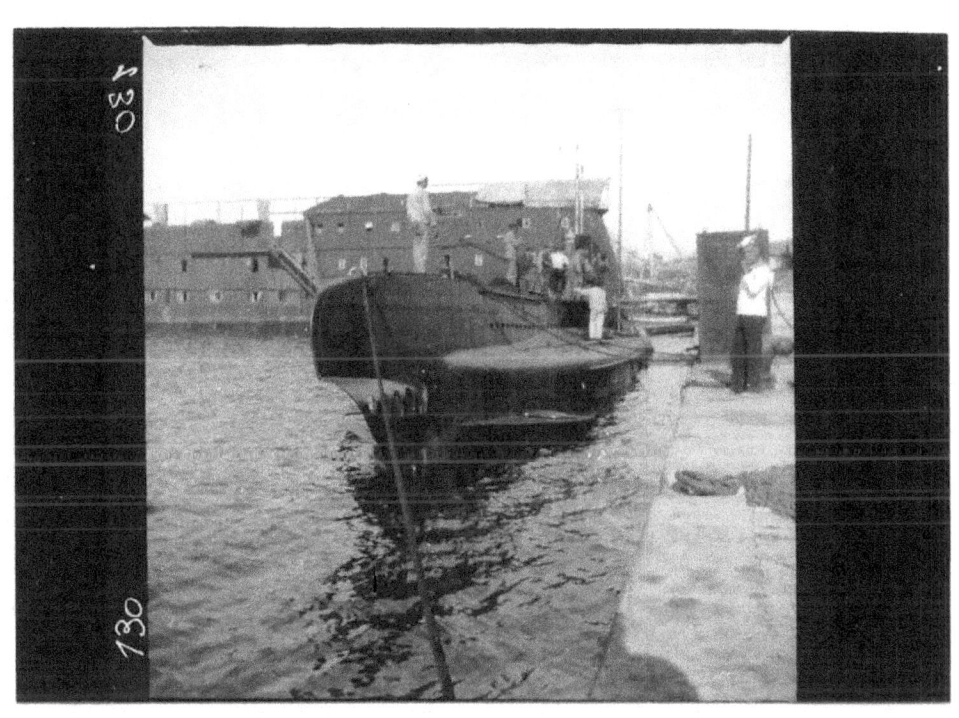

130

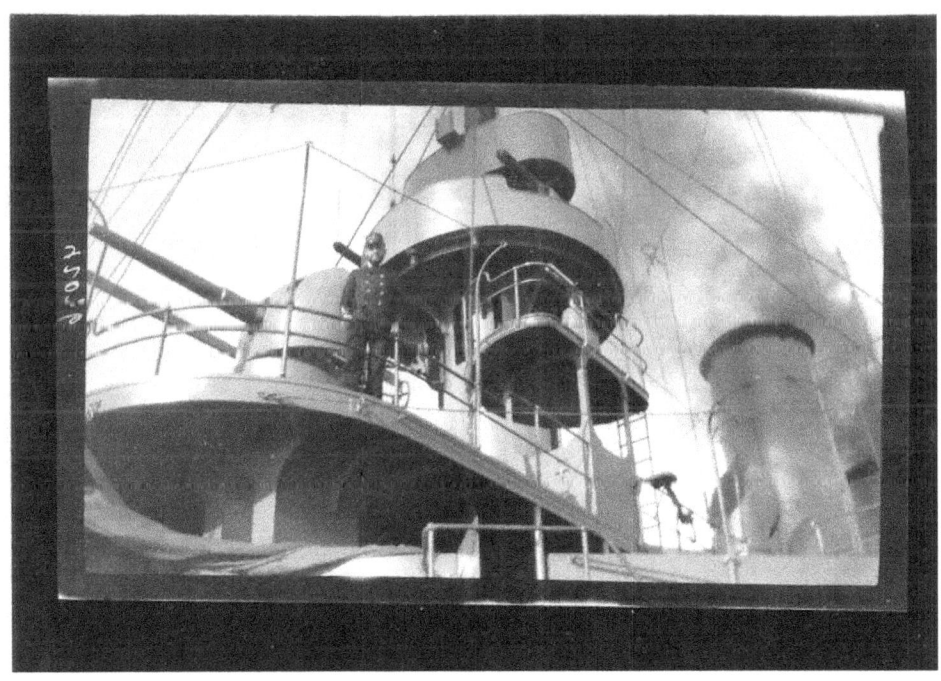

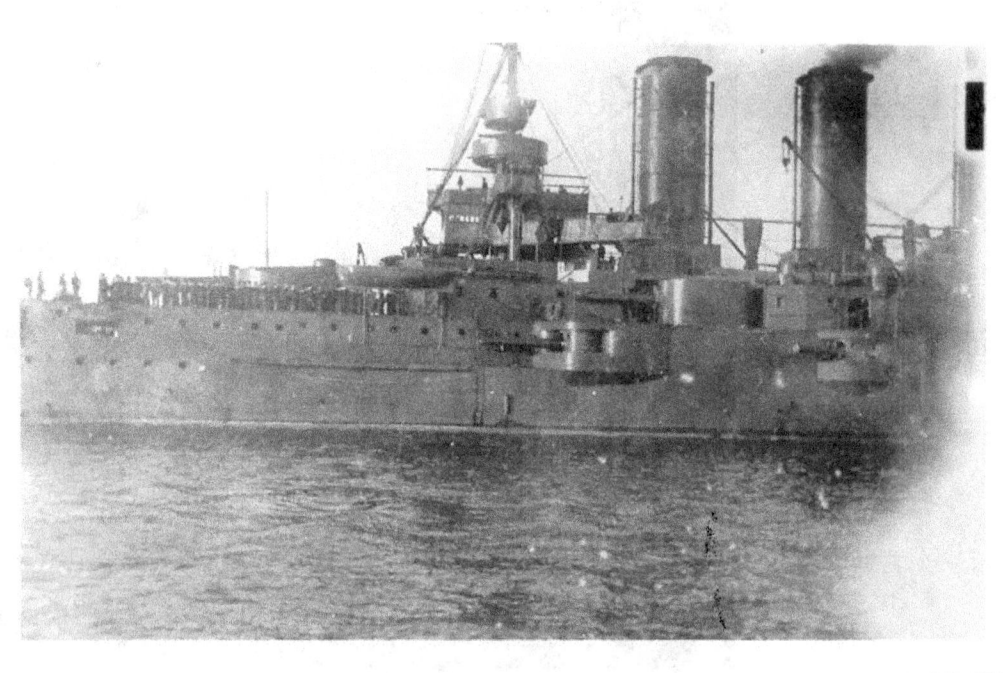

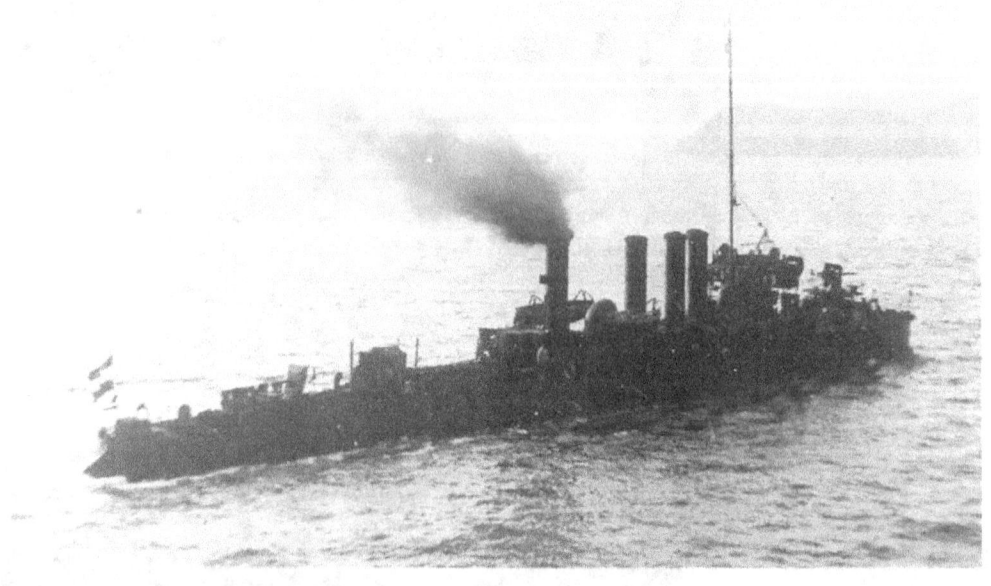

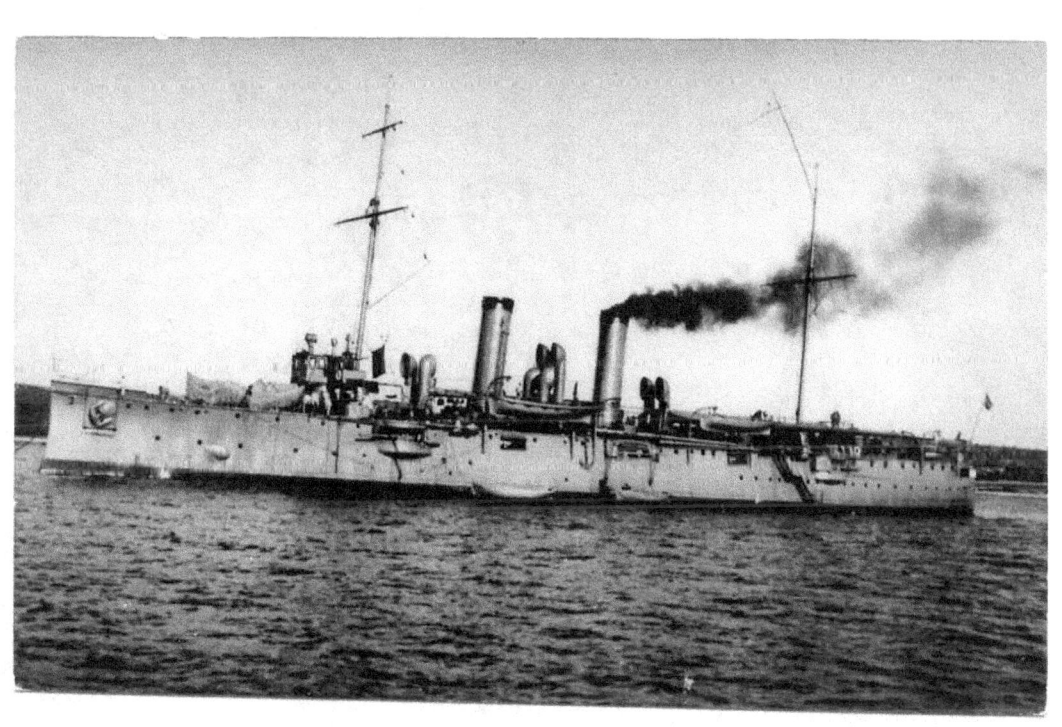

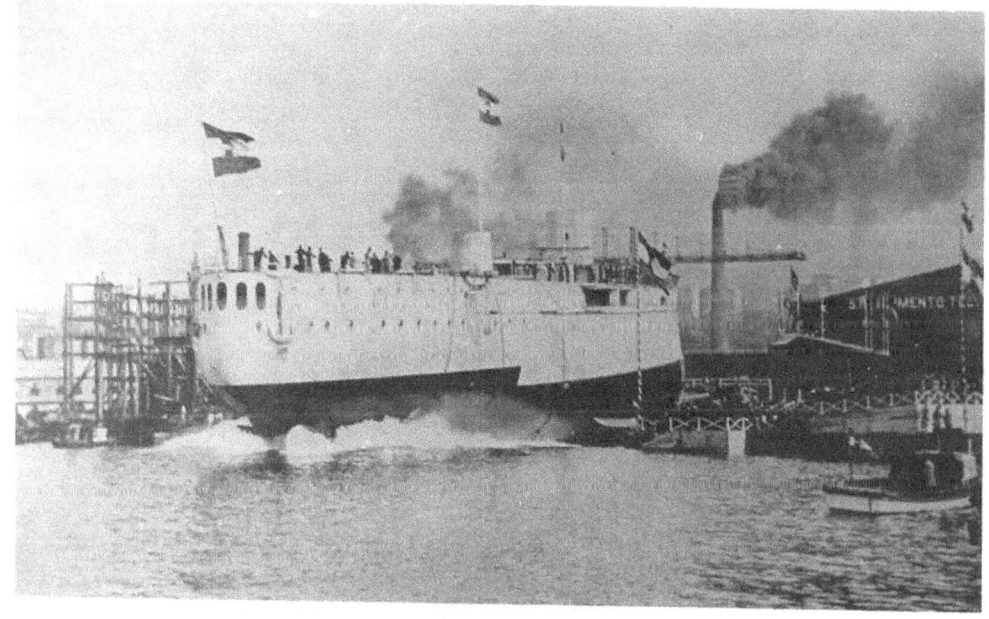

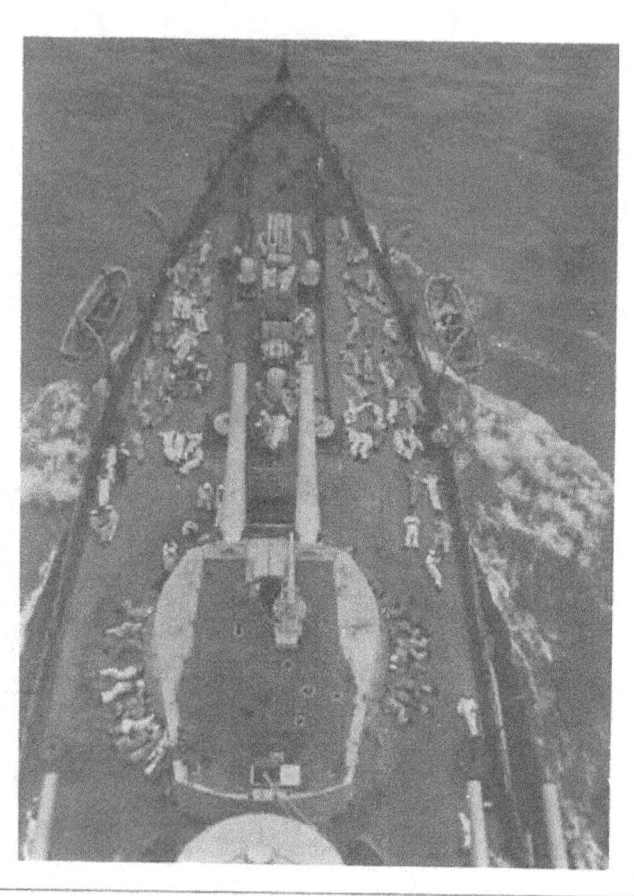

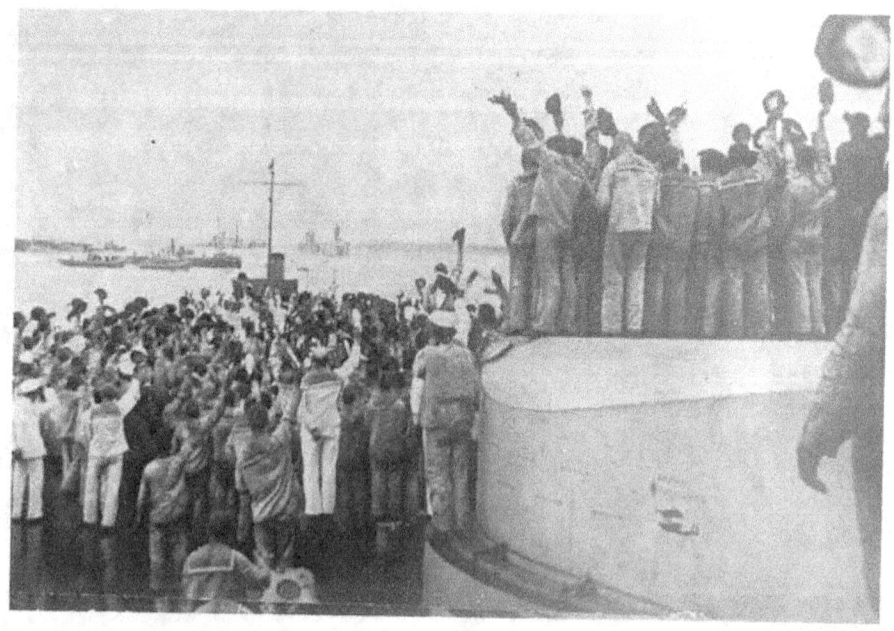

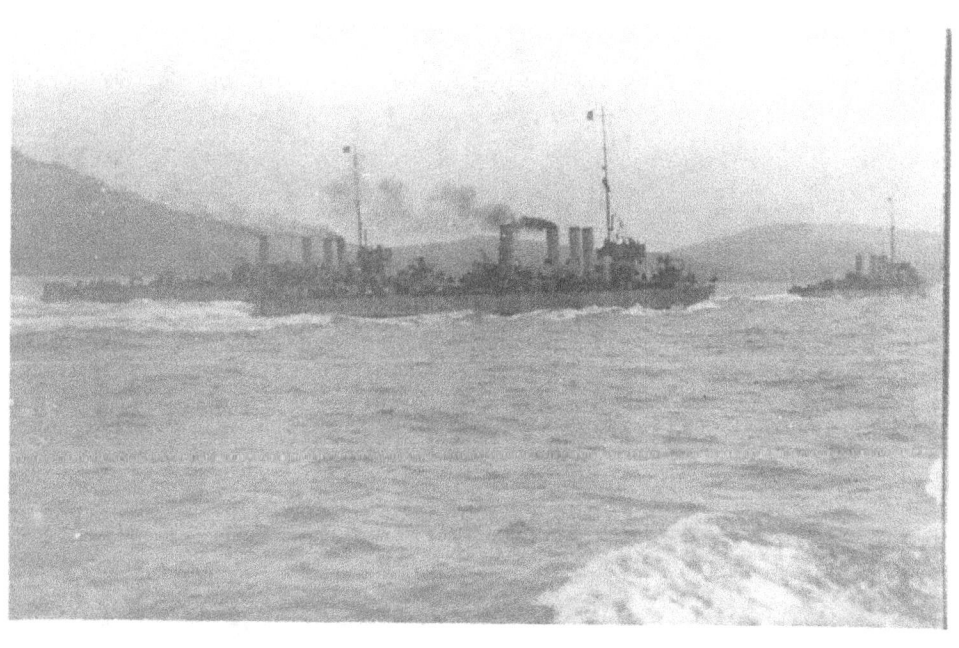

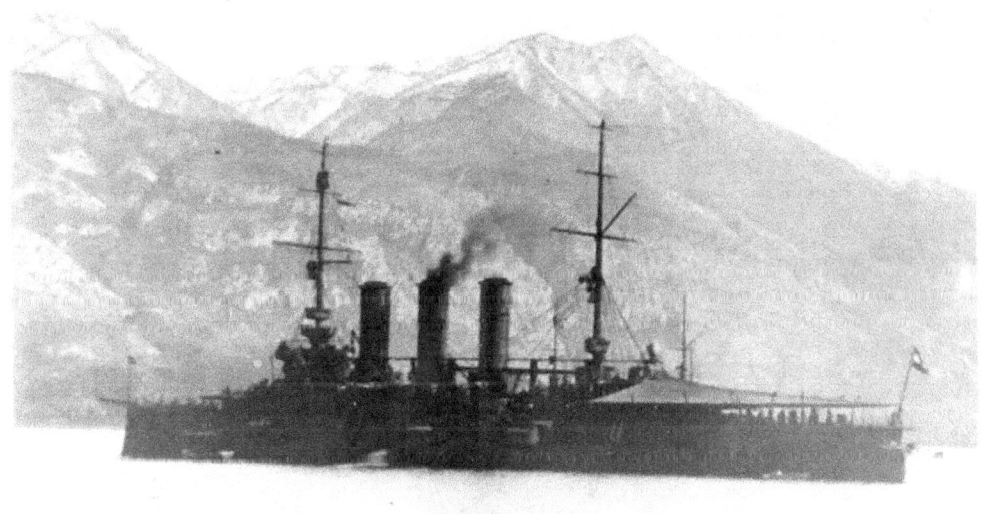

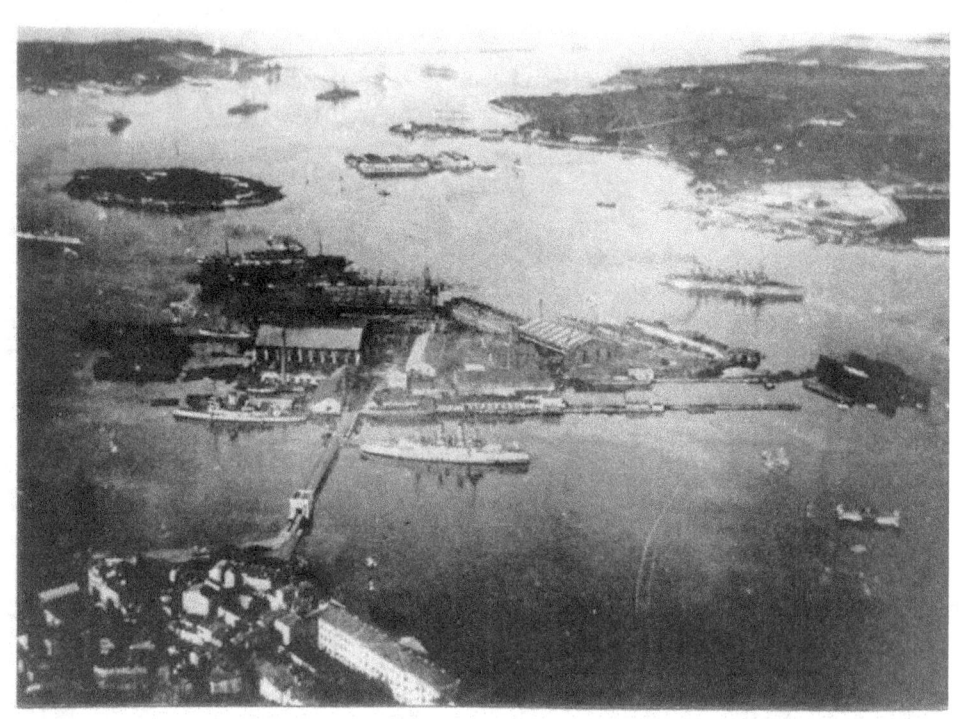

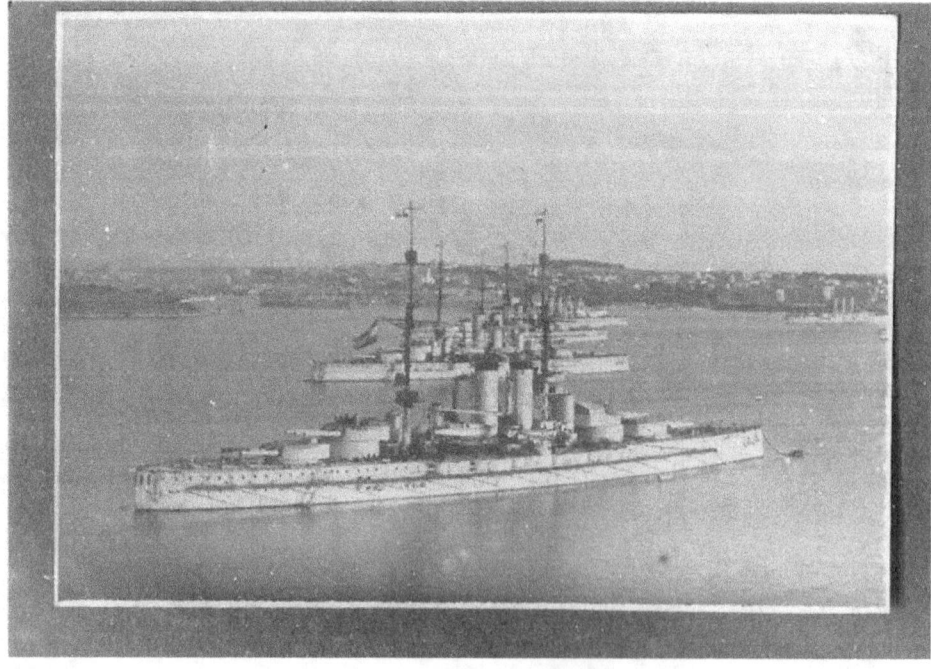

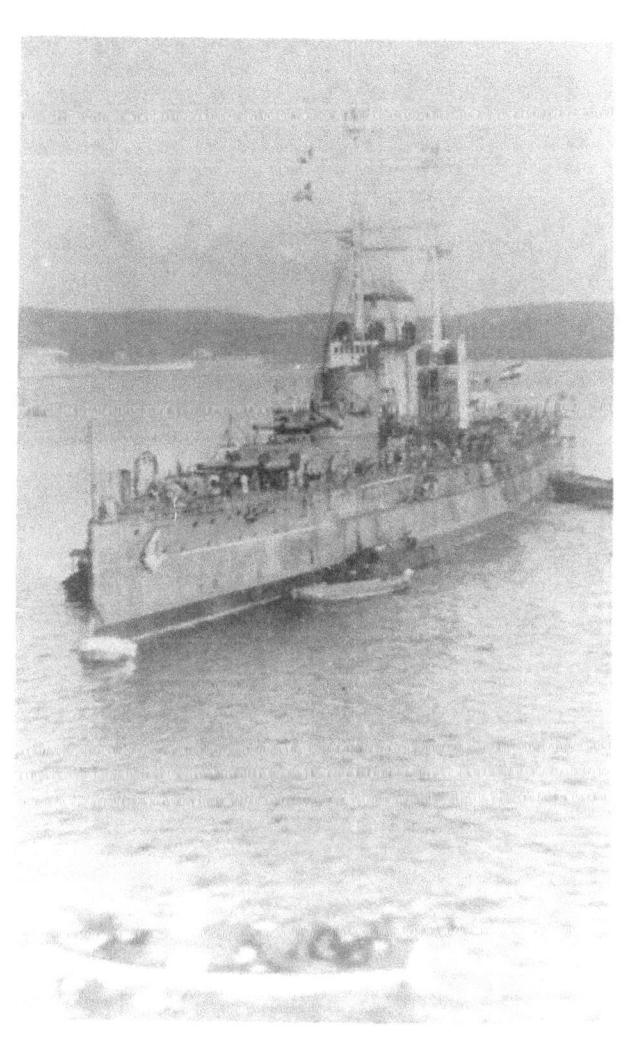
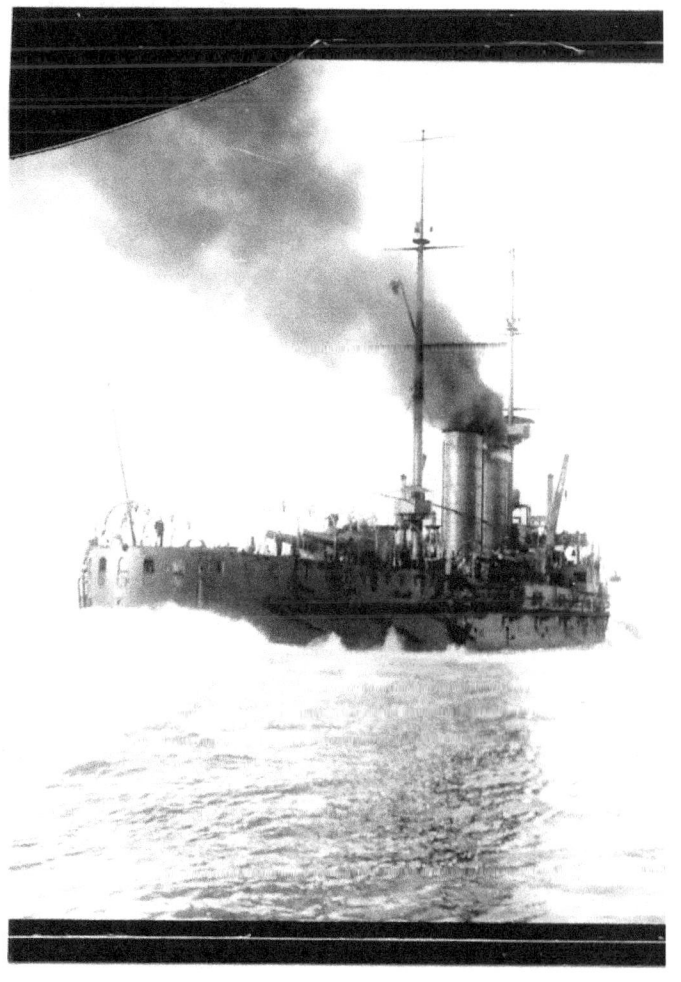

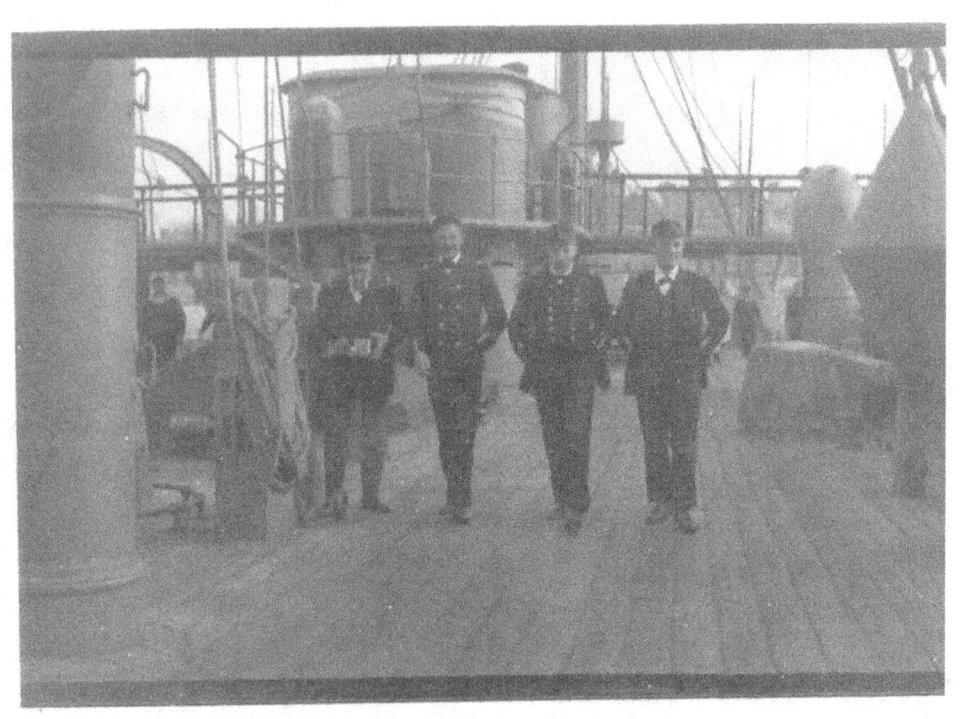

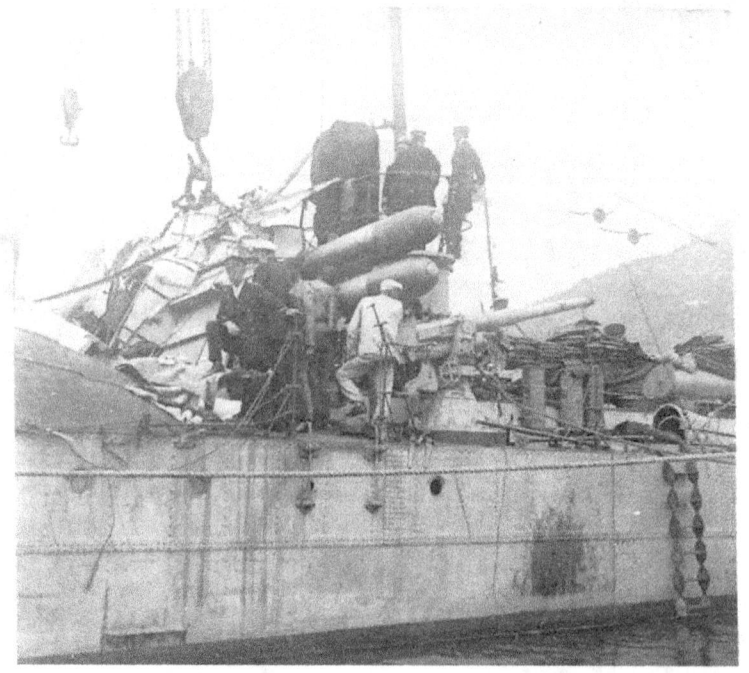

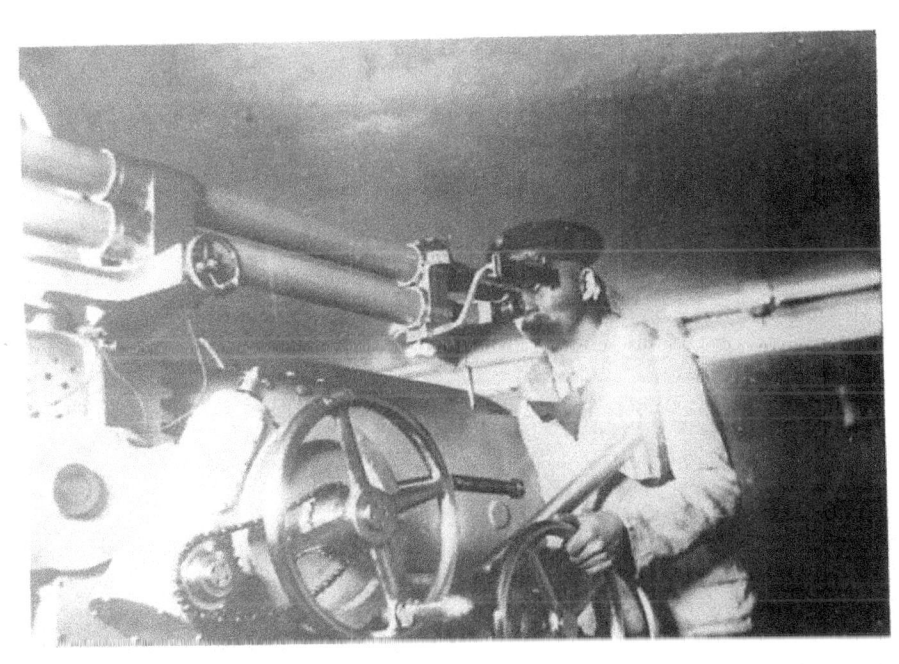

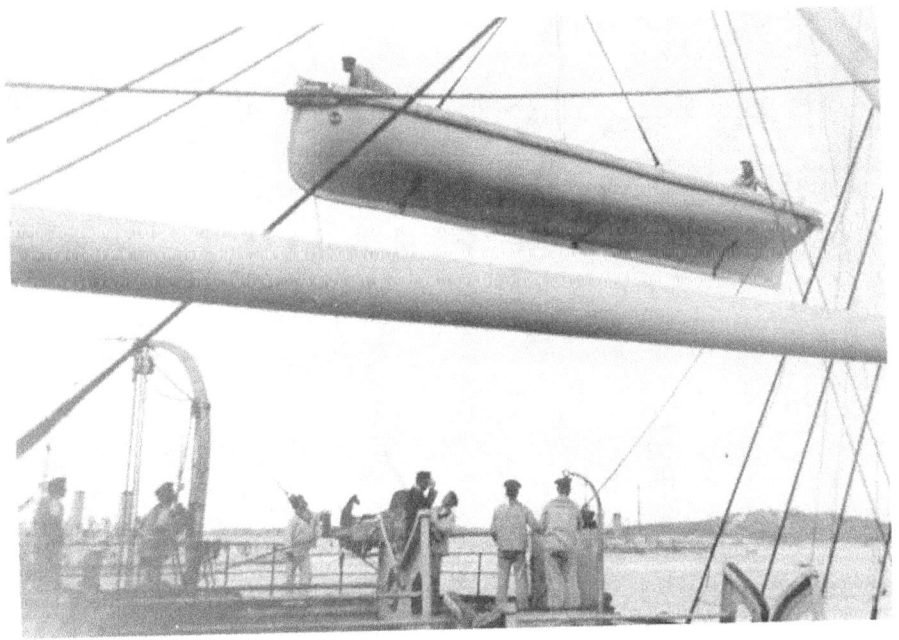

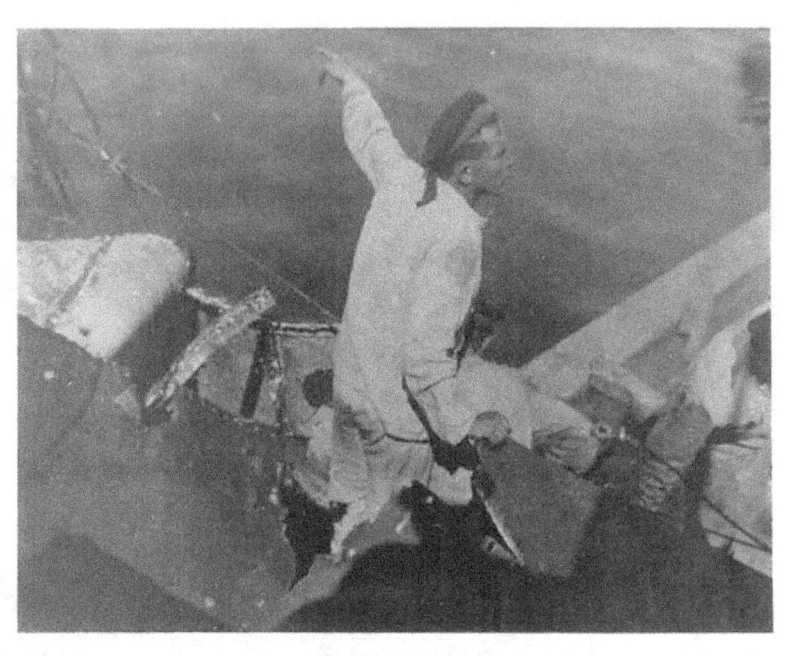

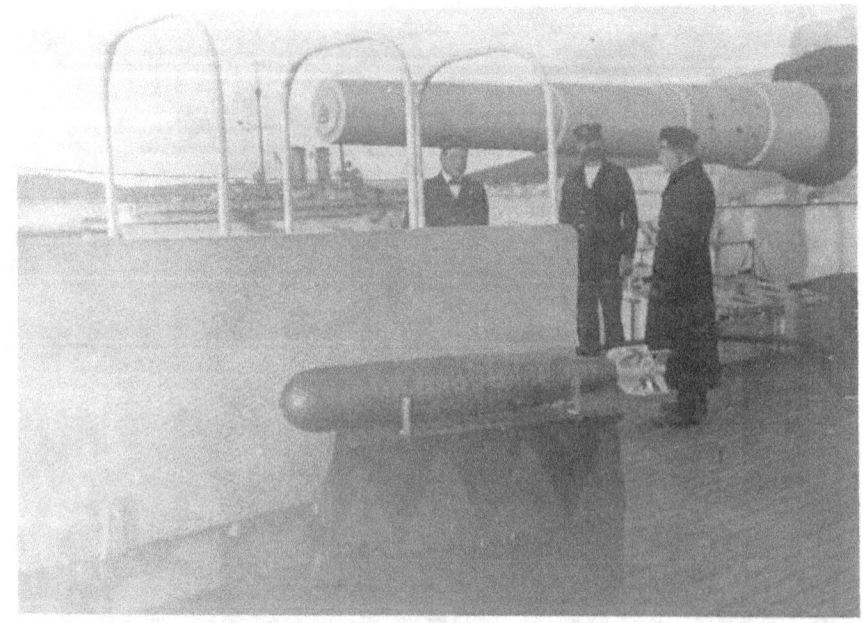

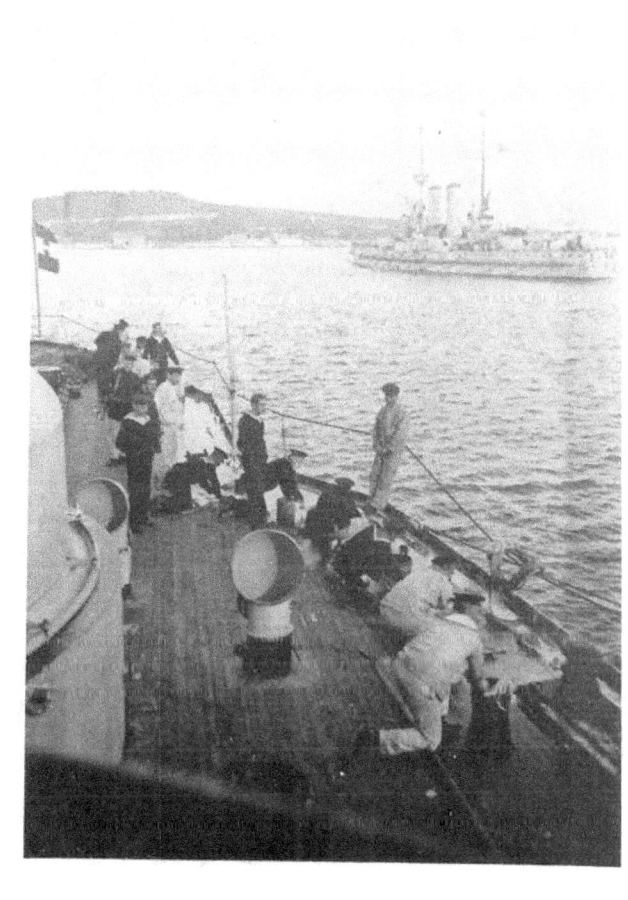

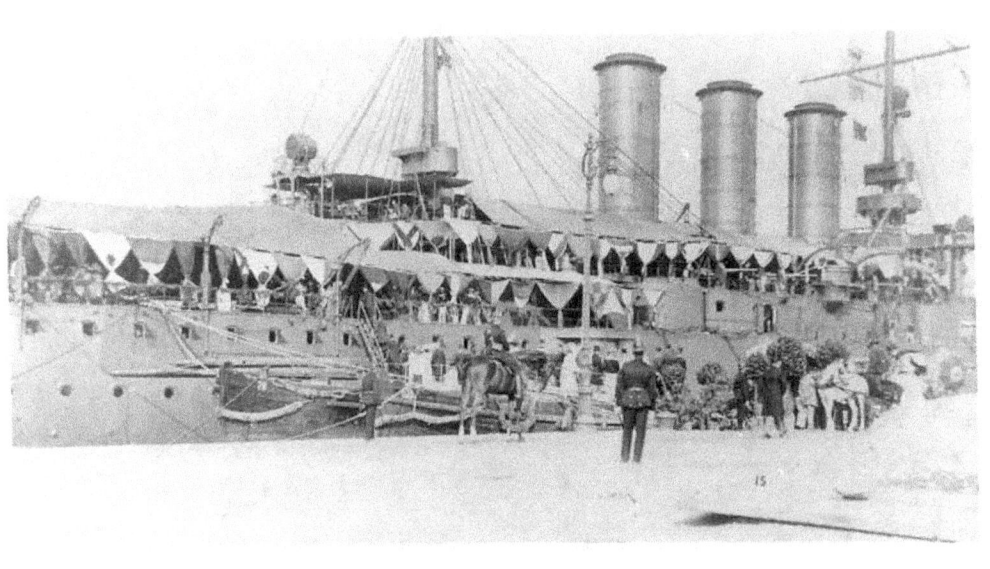

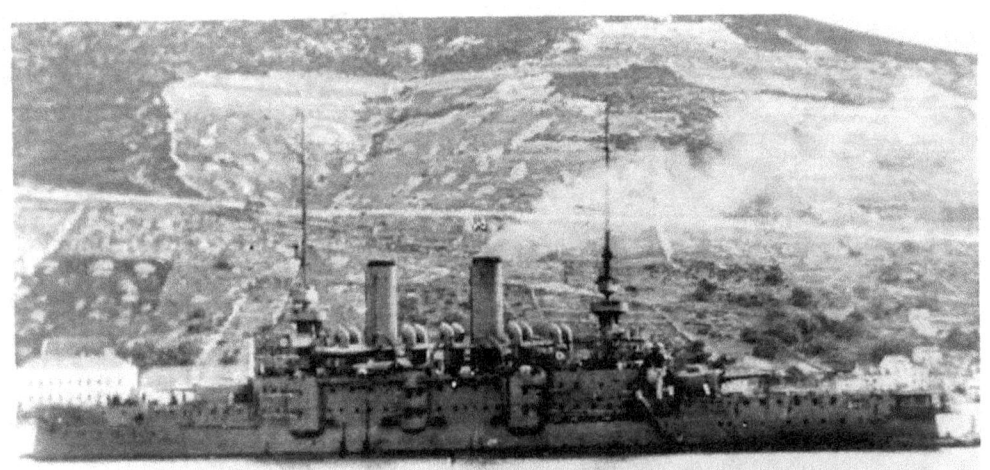

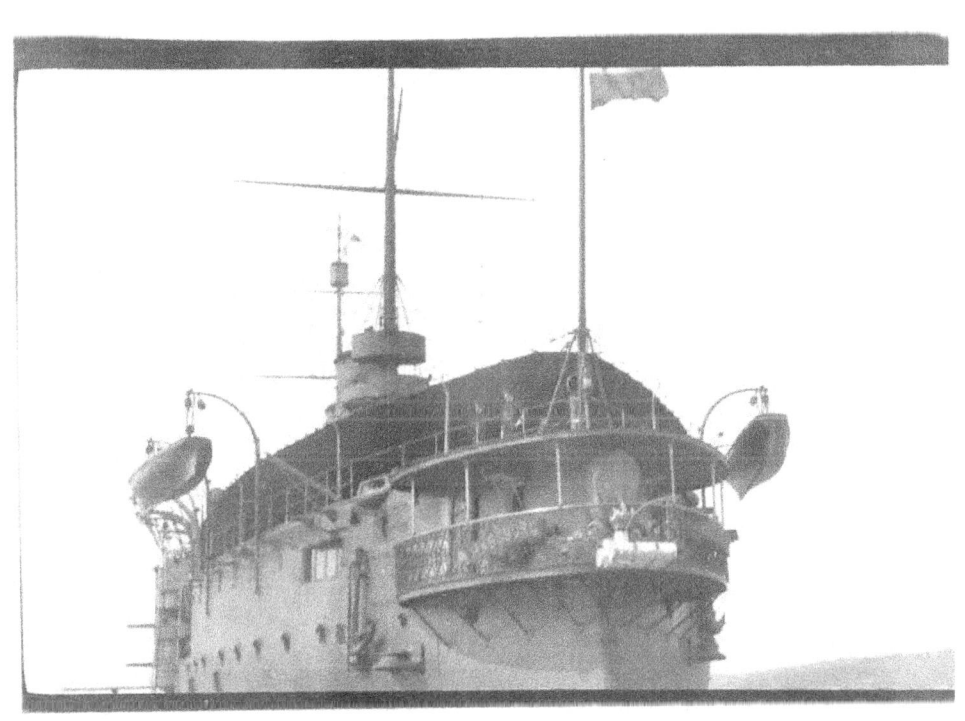

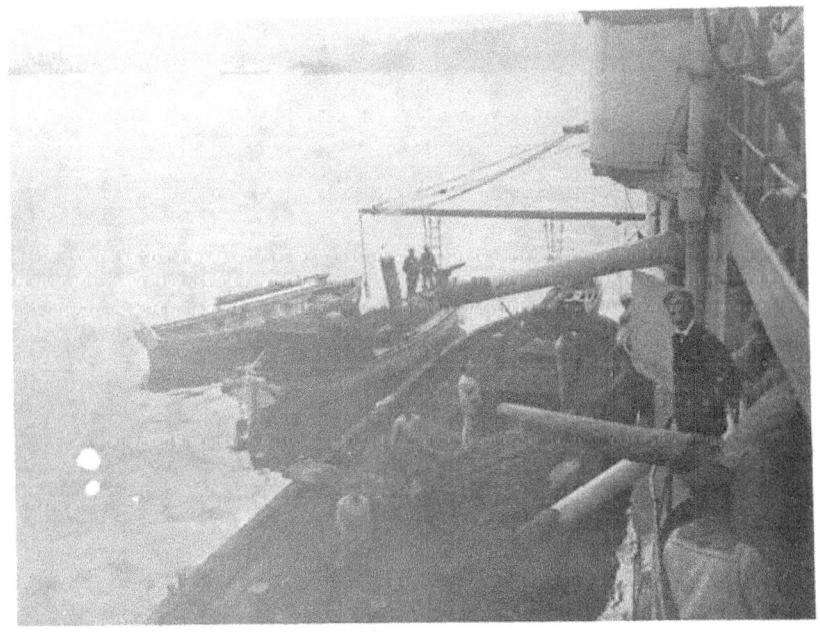

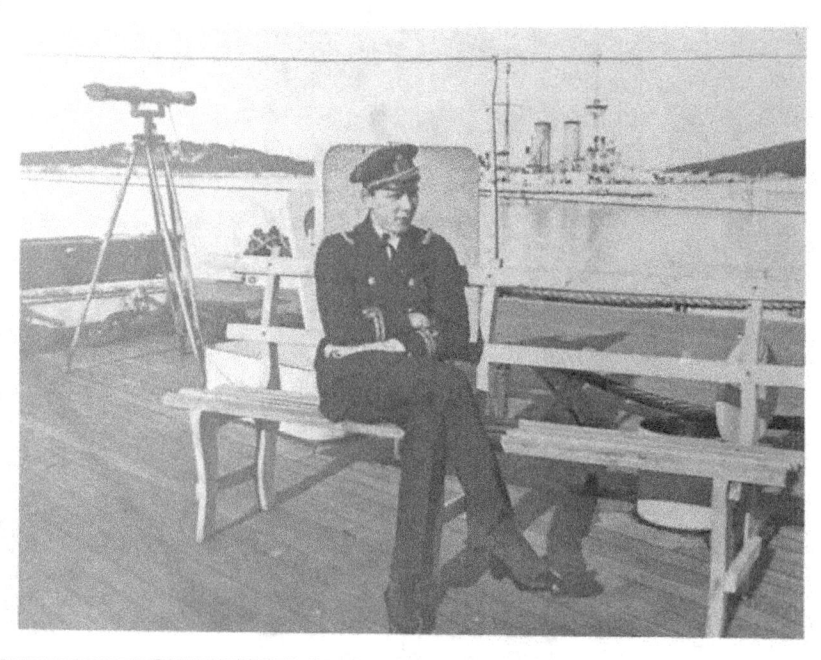

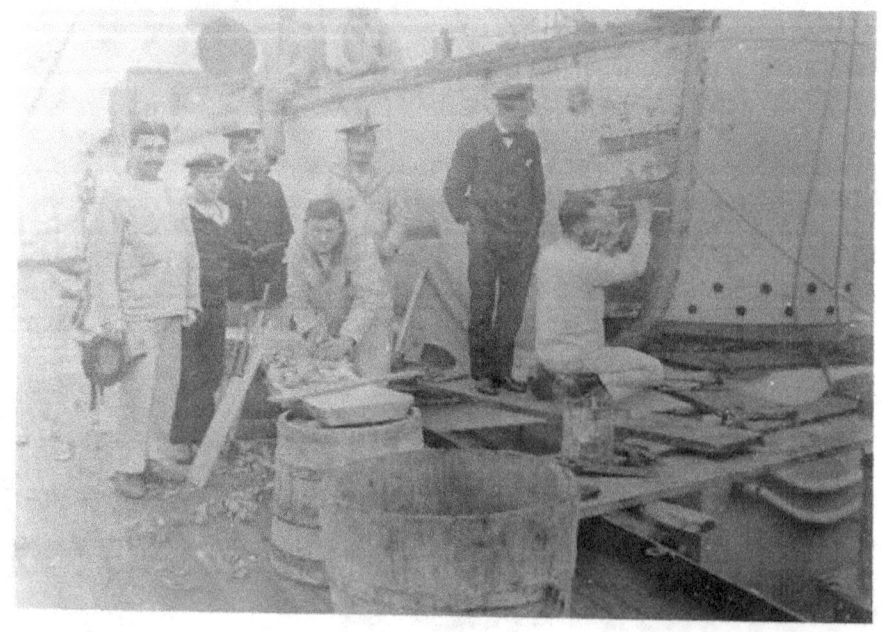

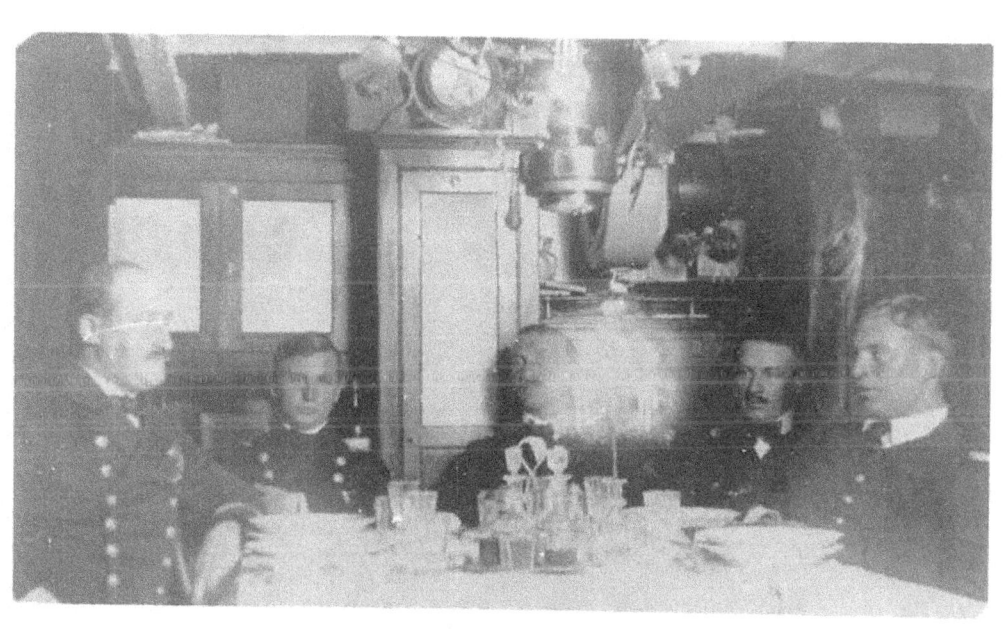

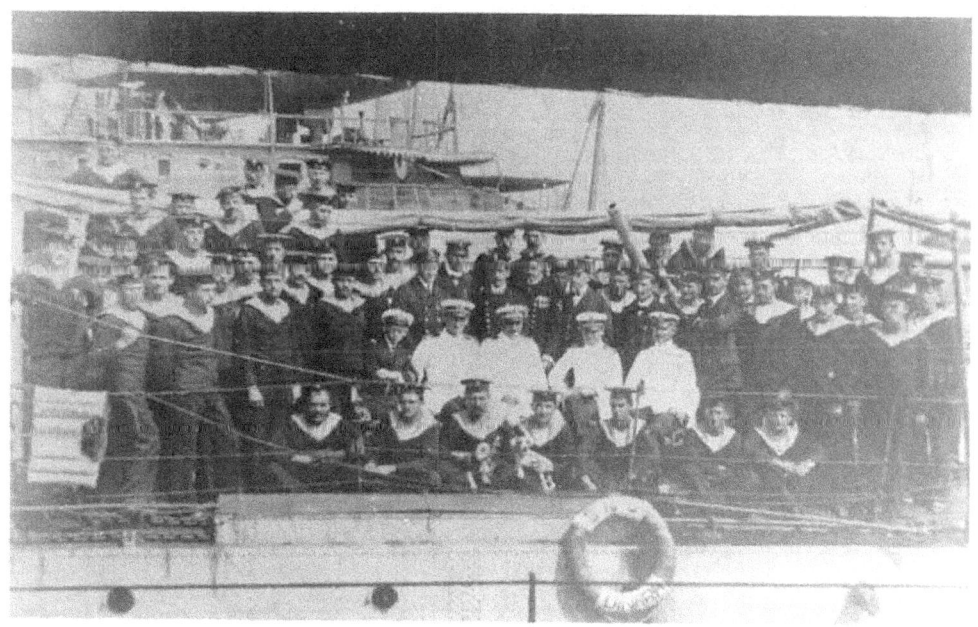

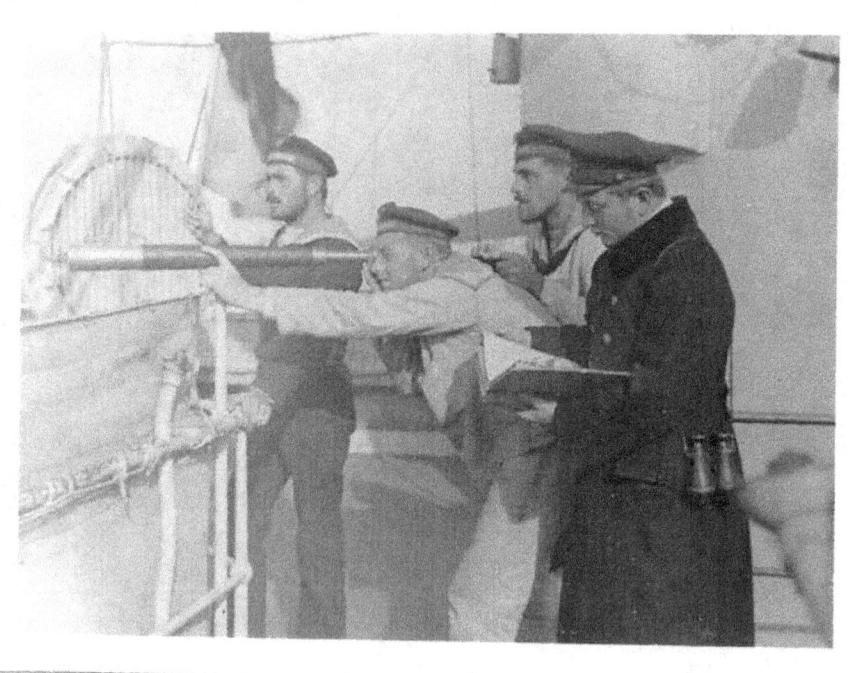

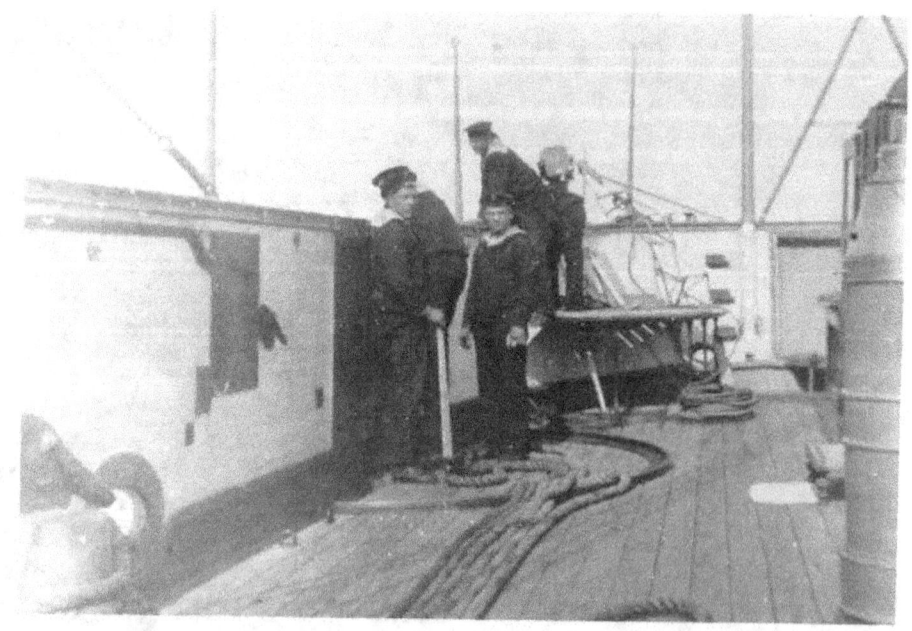

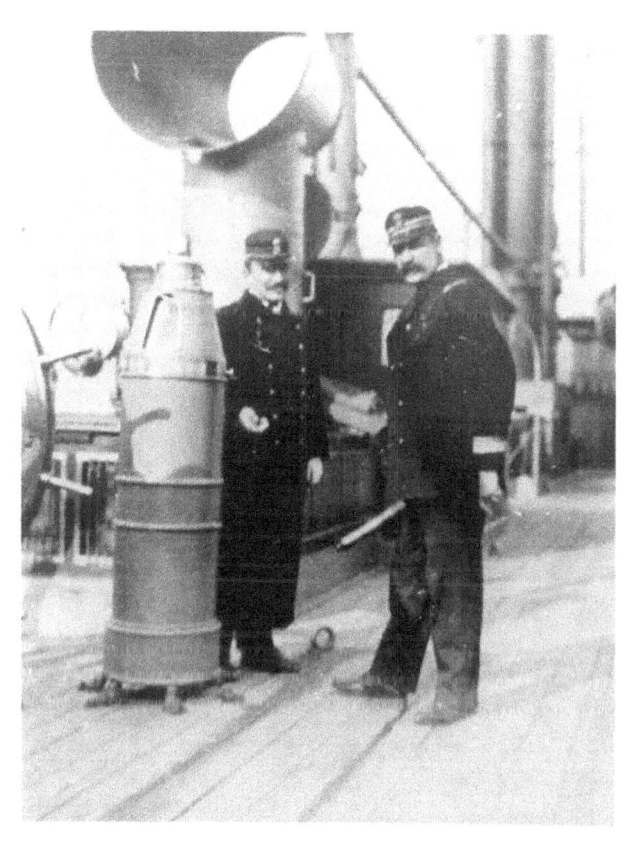

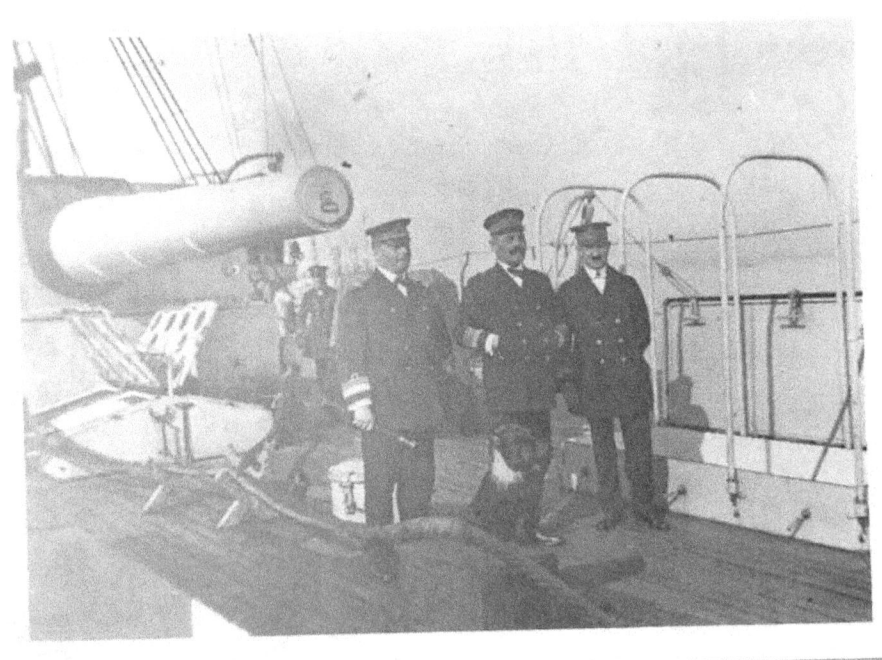

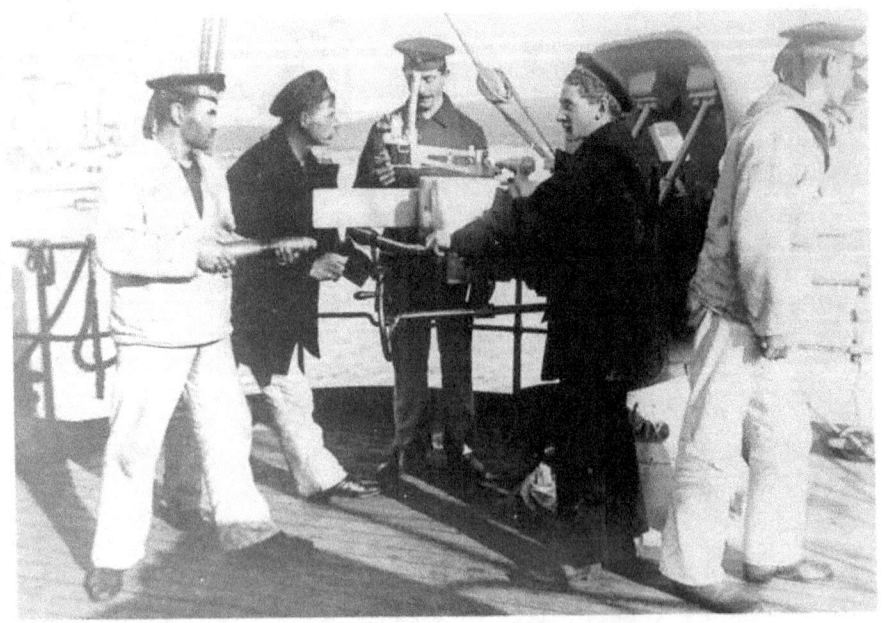

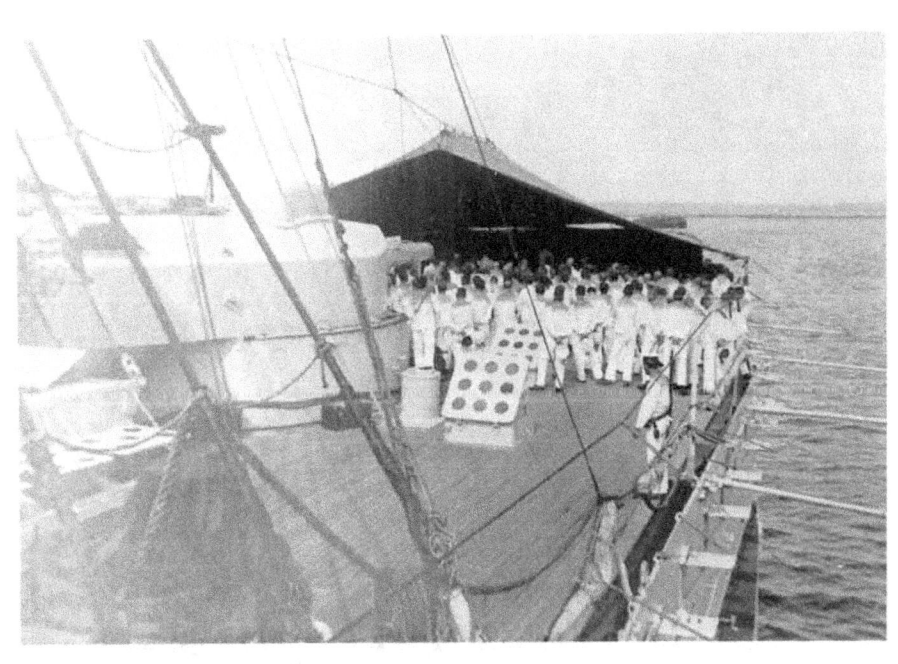

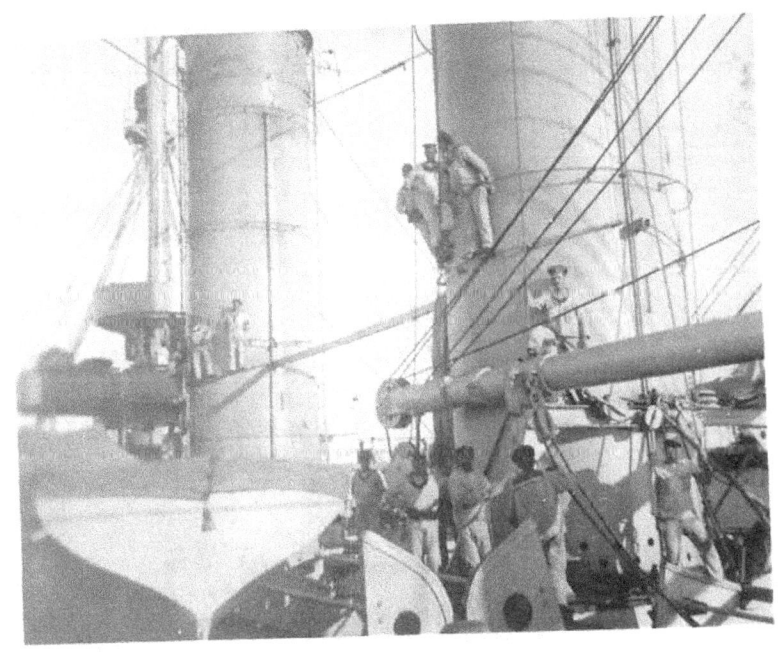

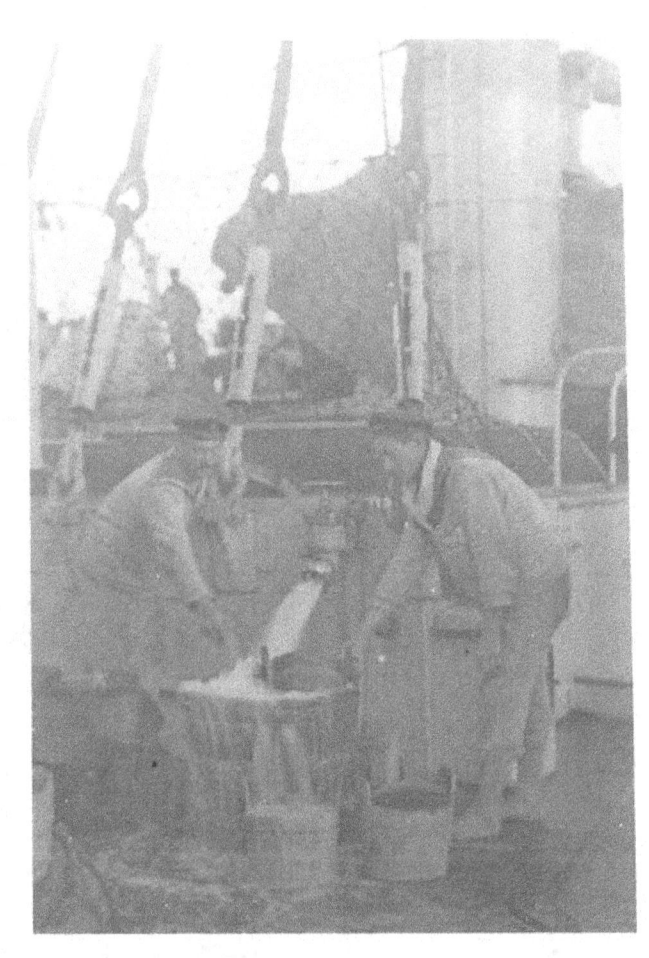

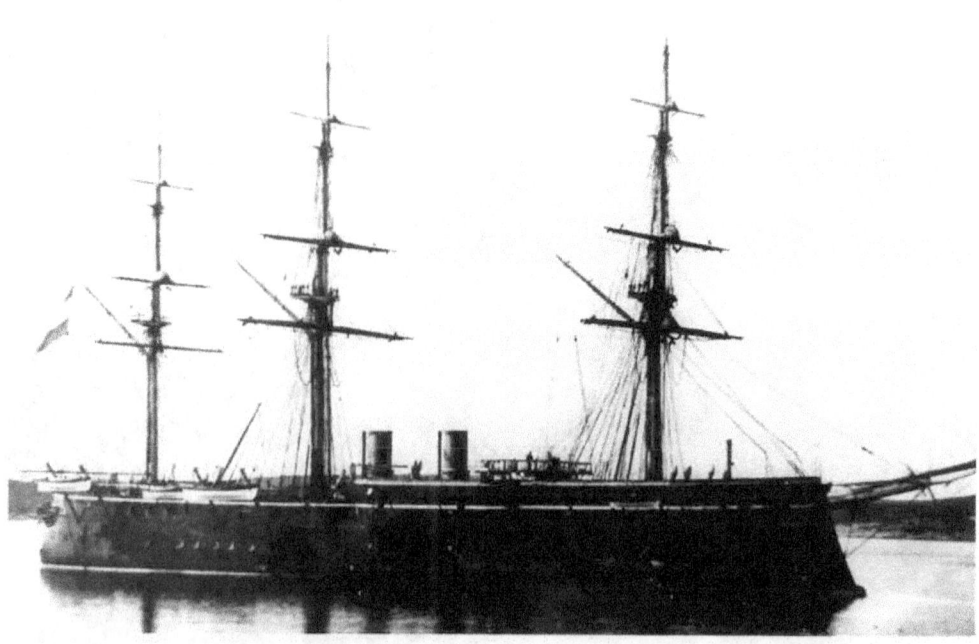

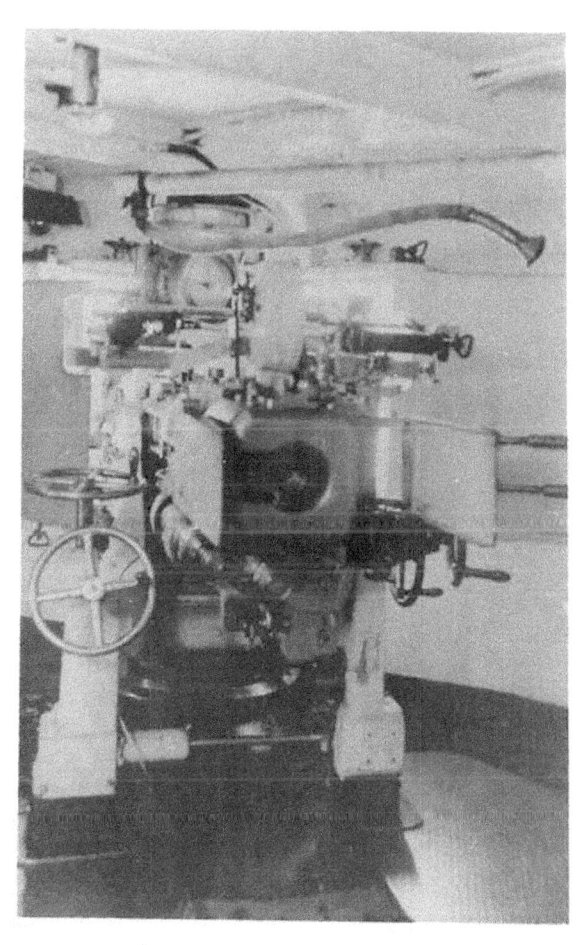

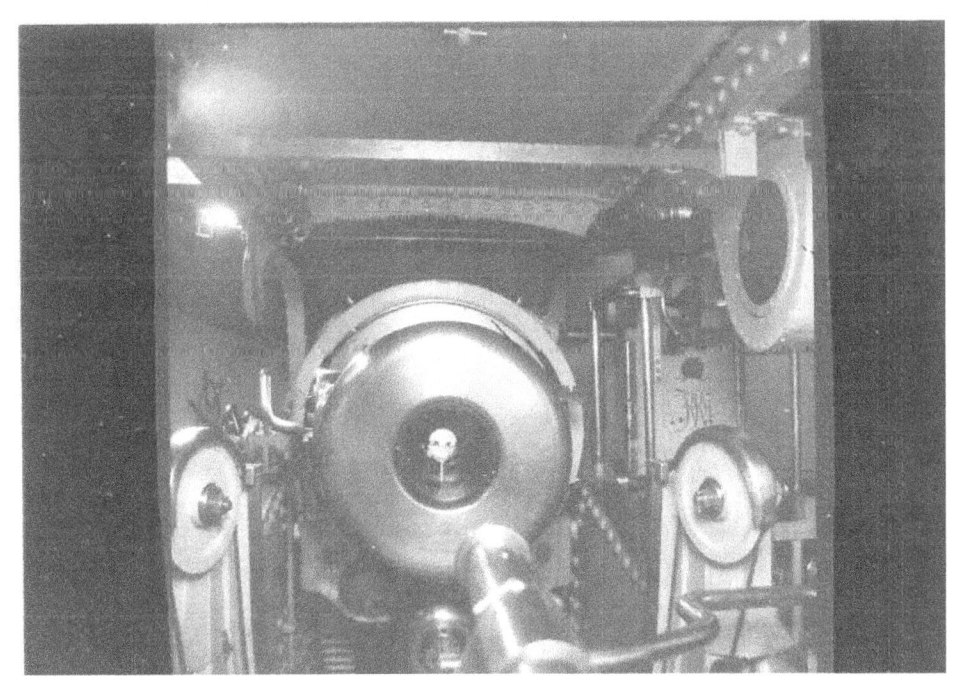

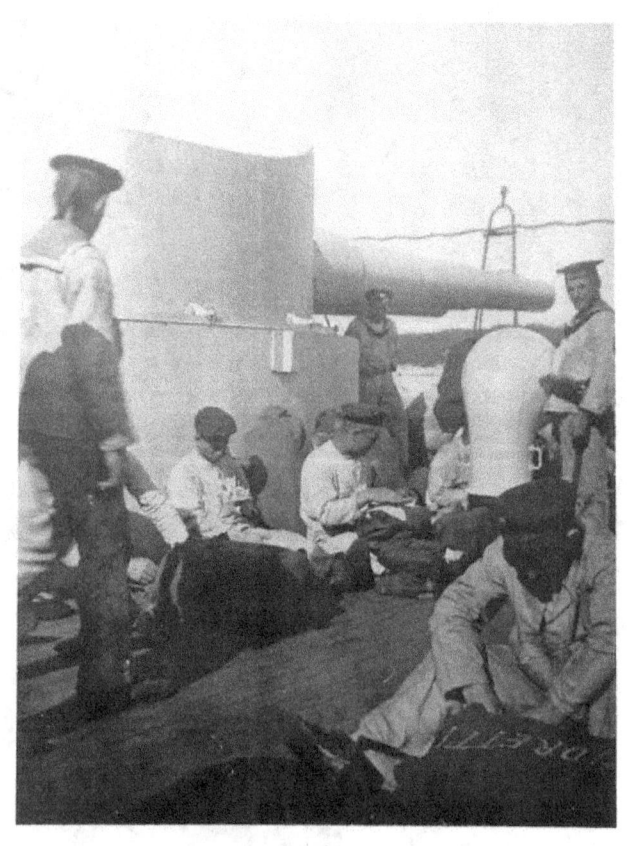

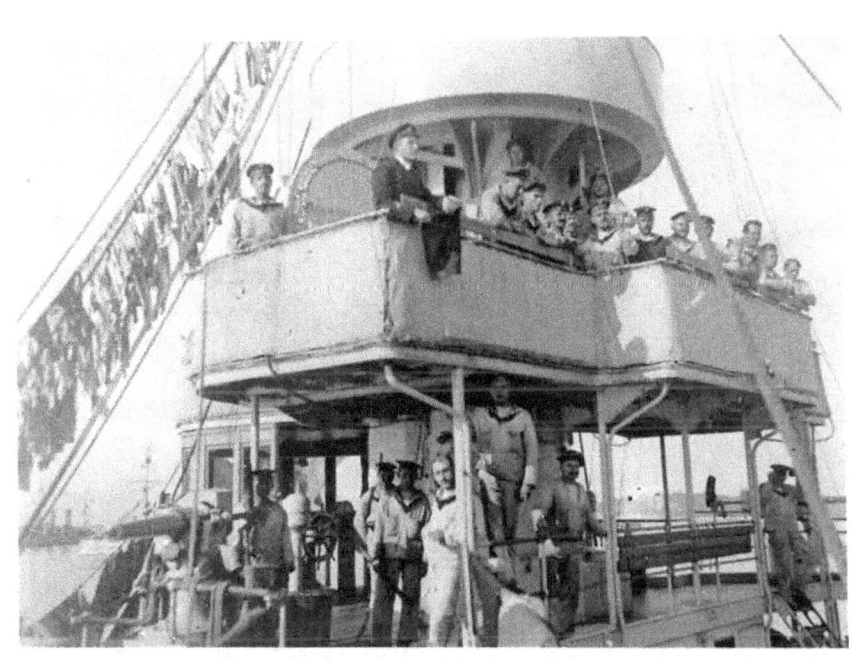

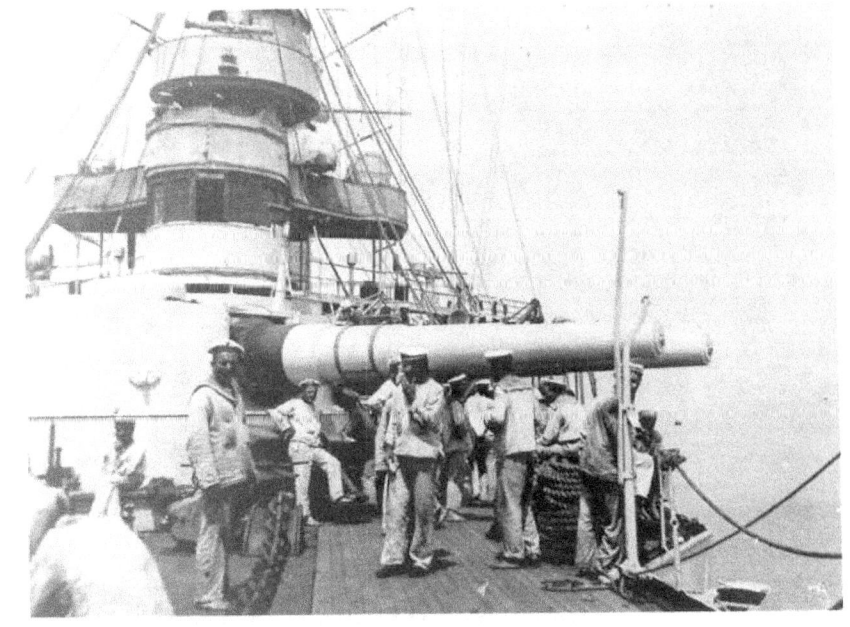

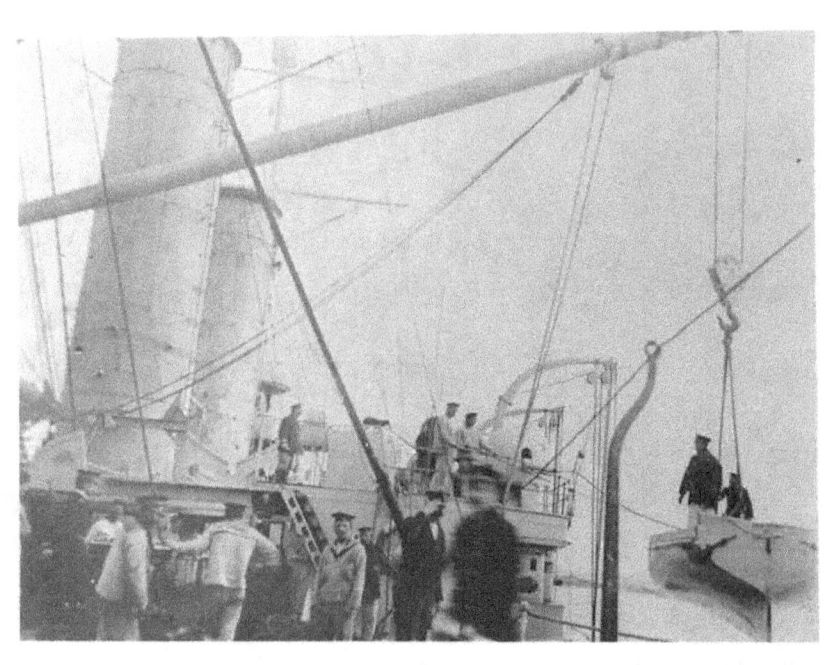

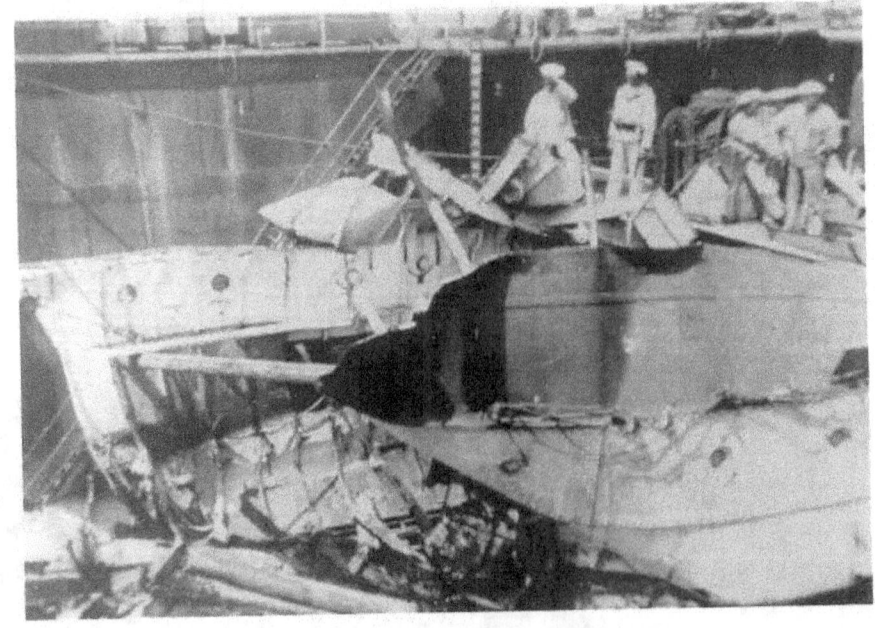

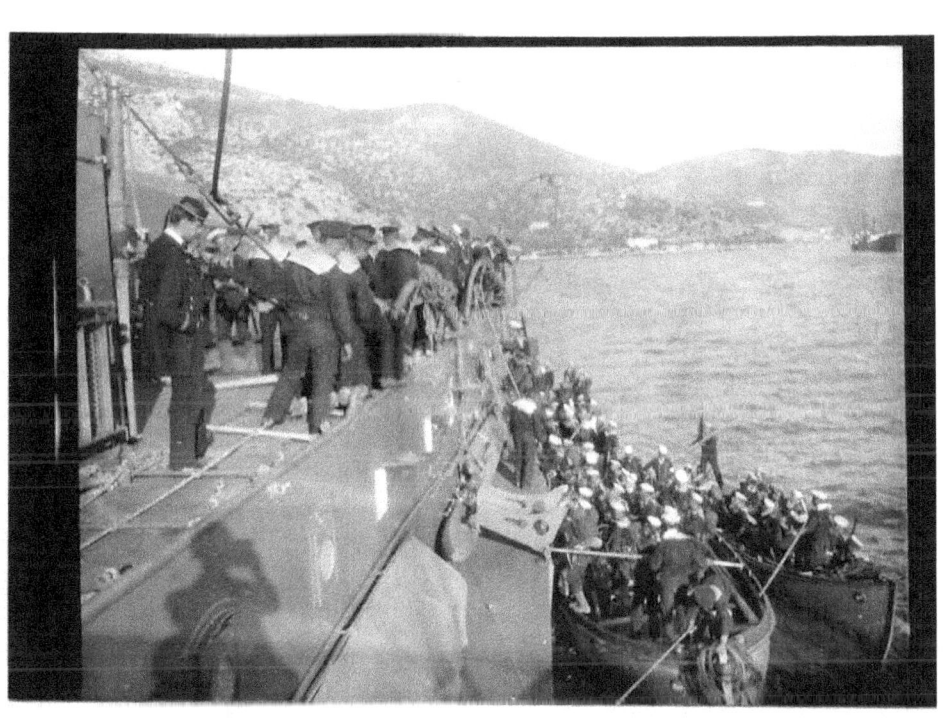

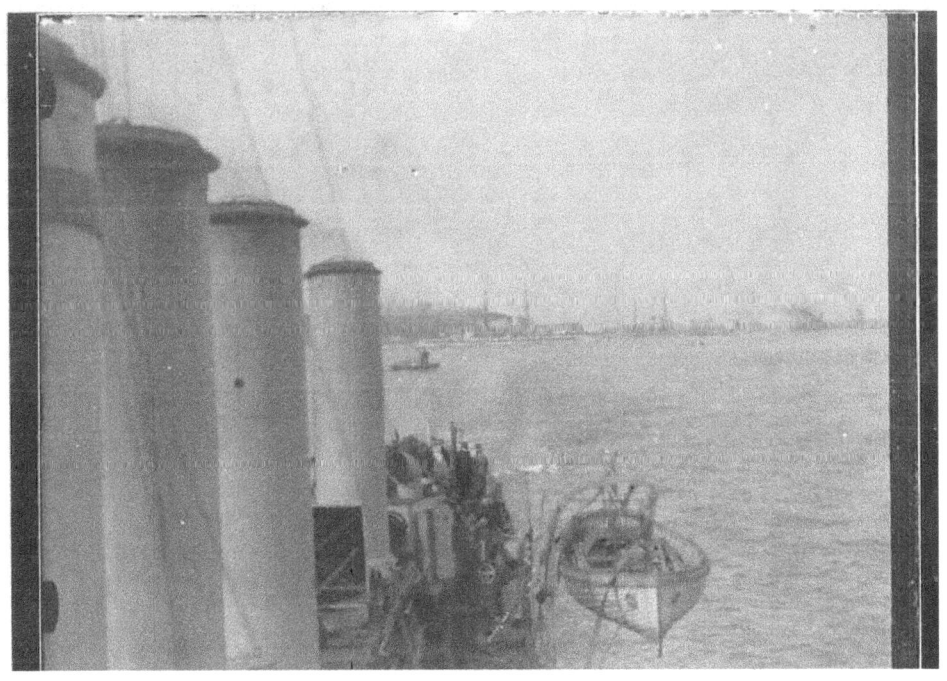

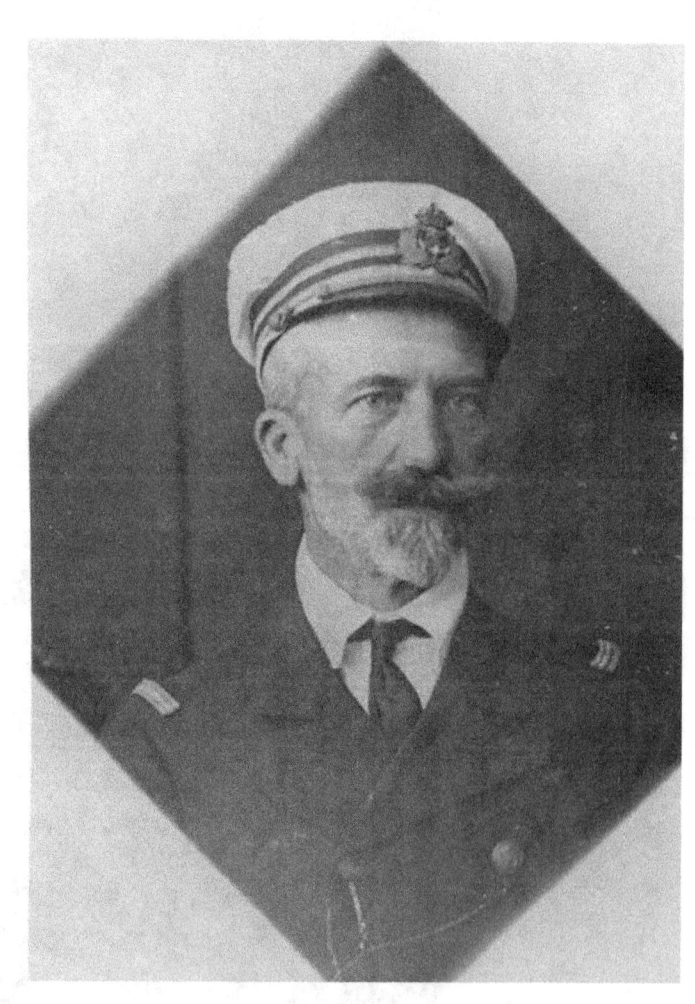

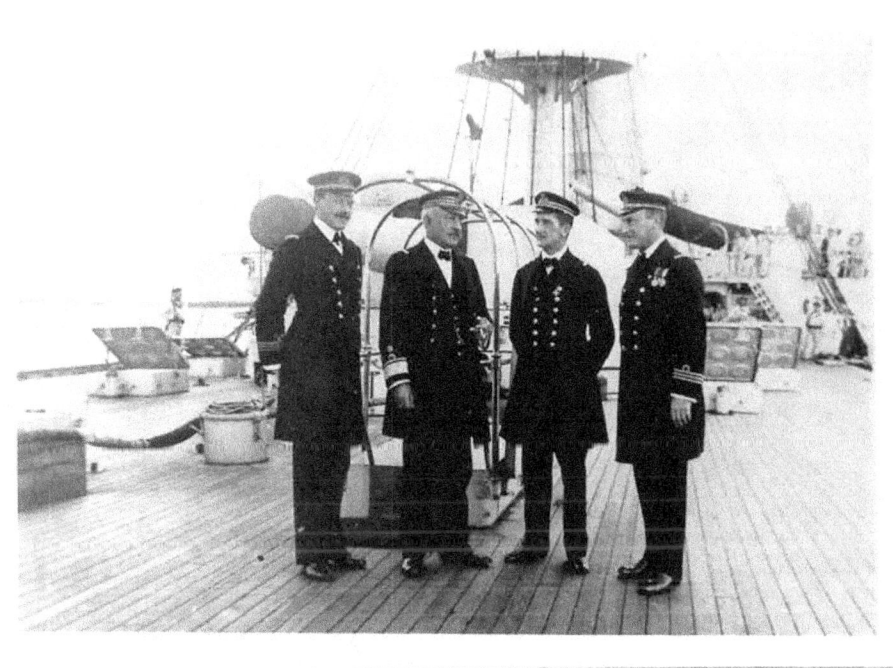

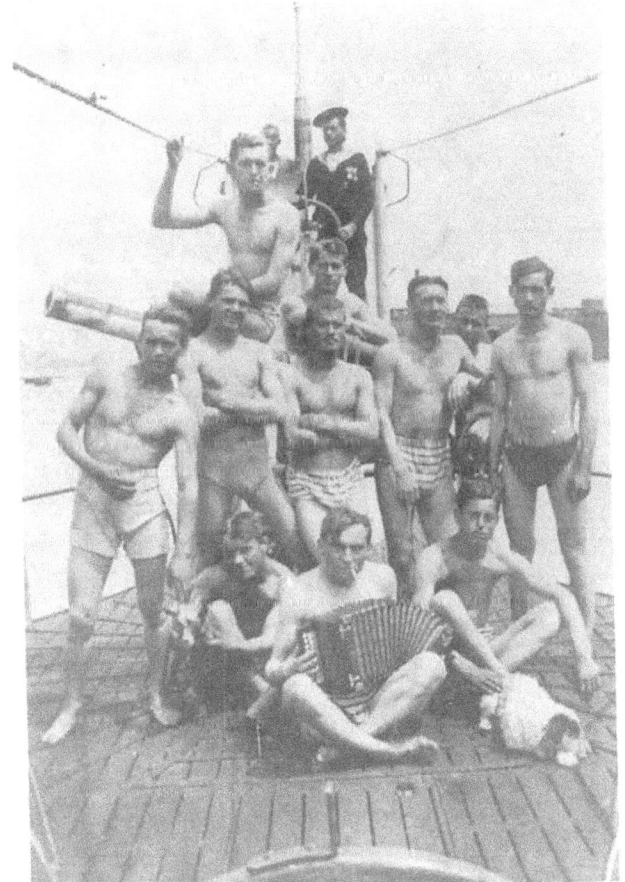

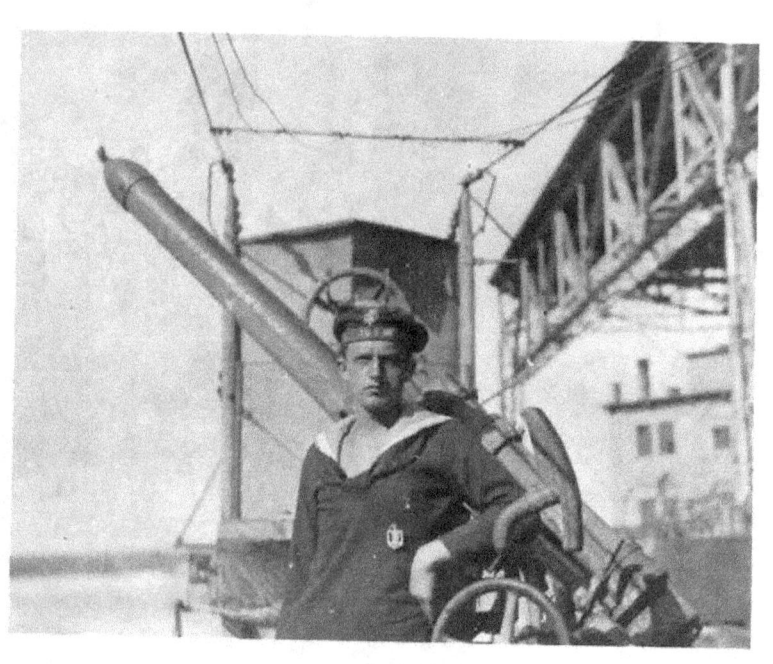

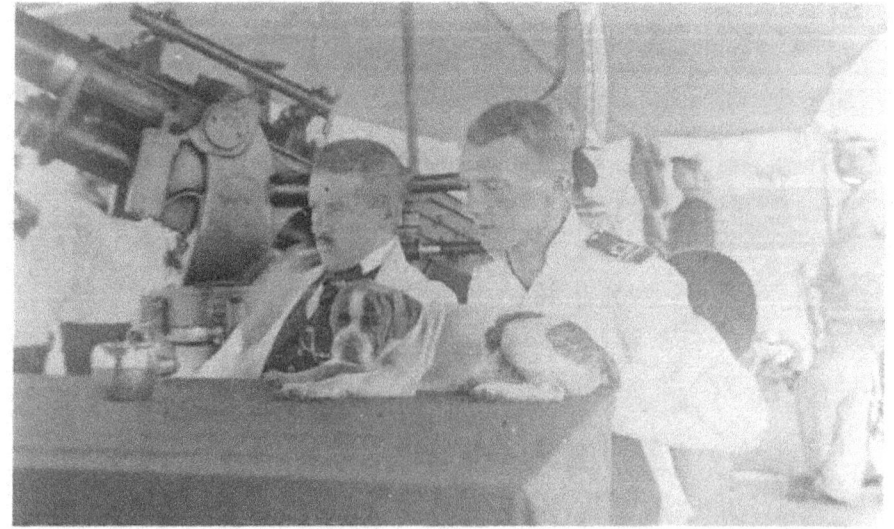

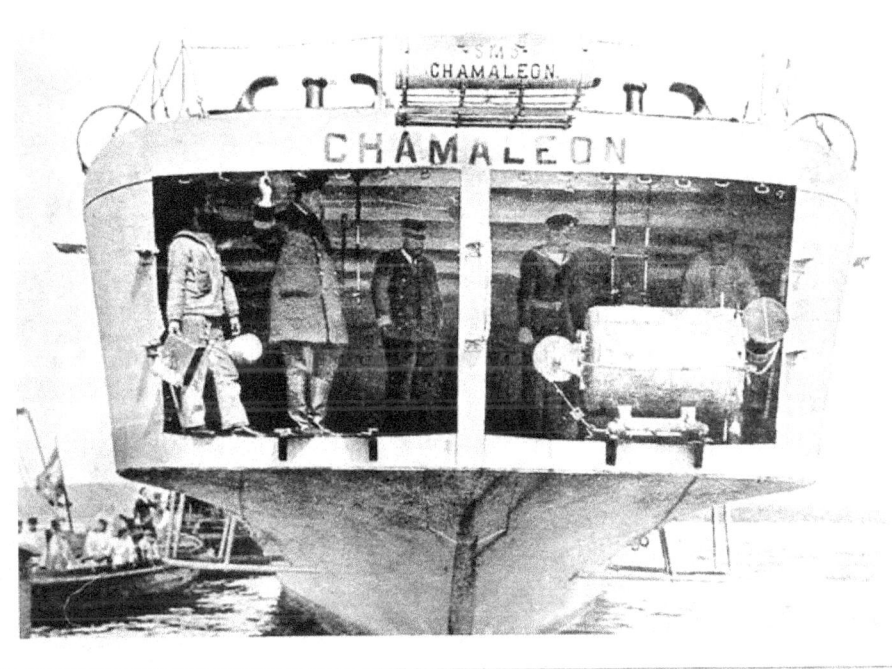

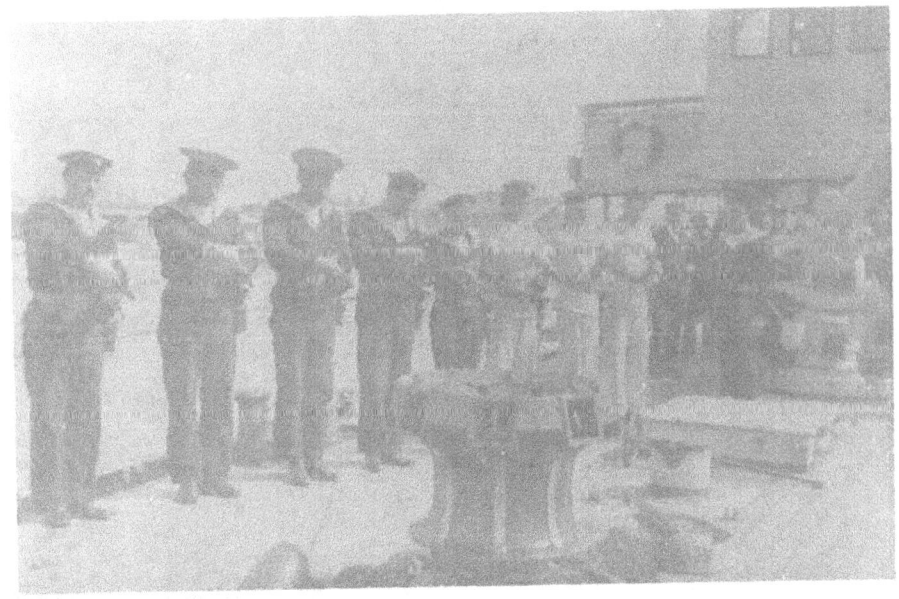

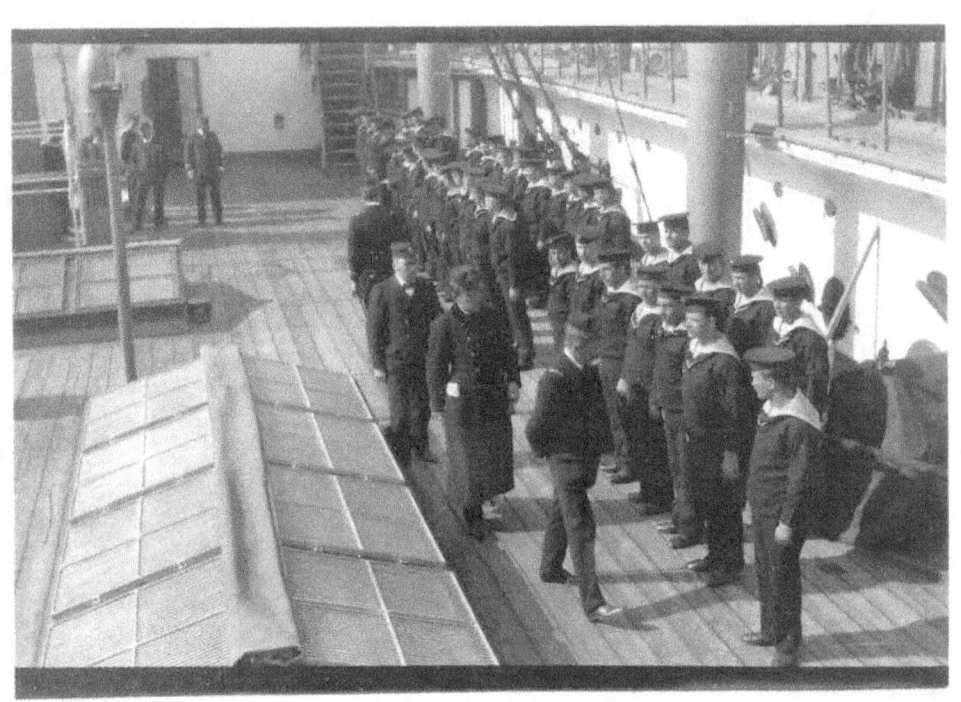

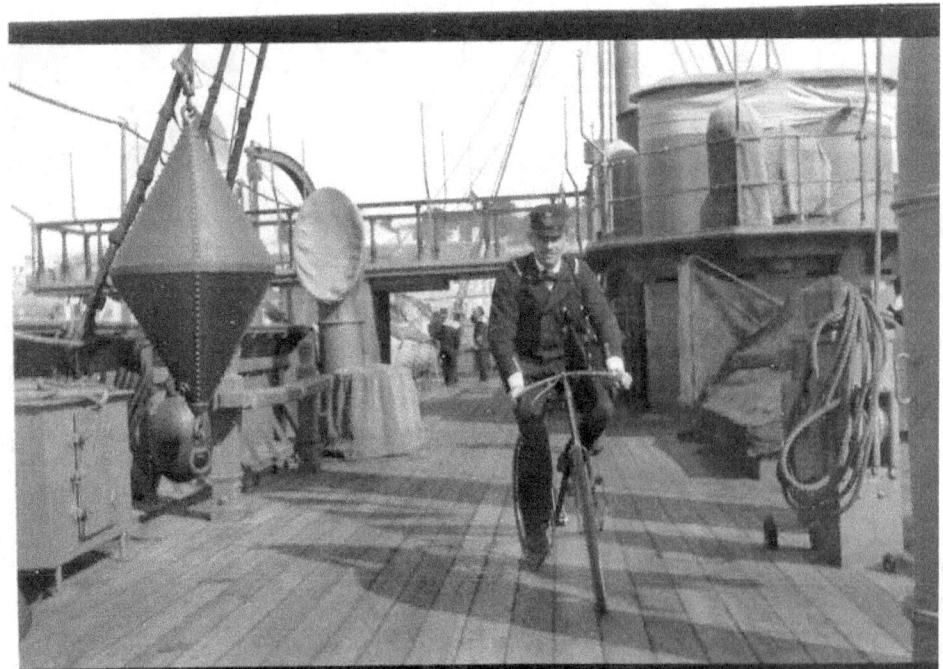

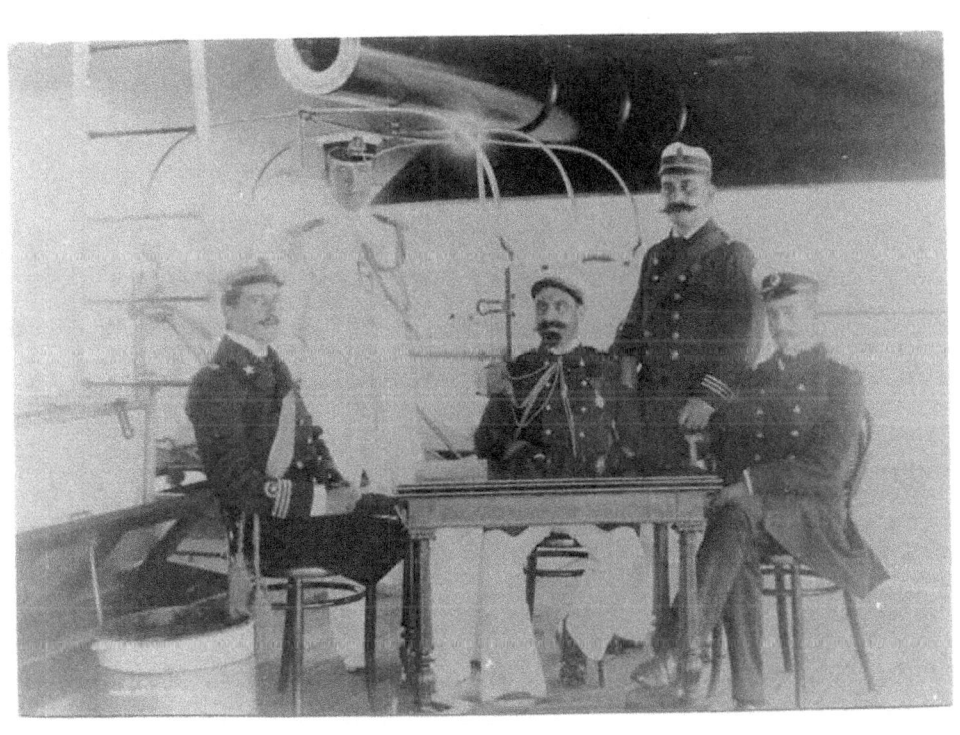

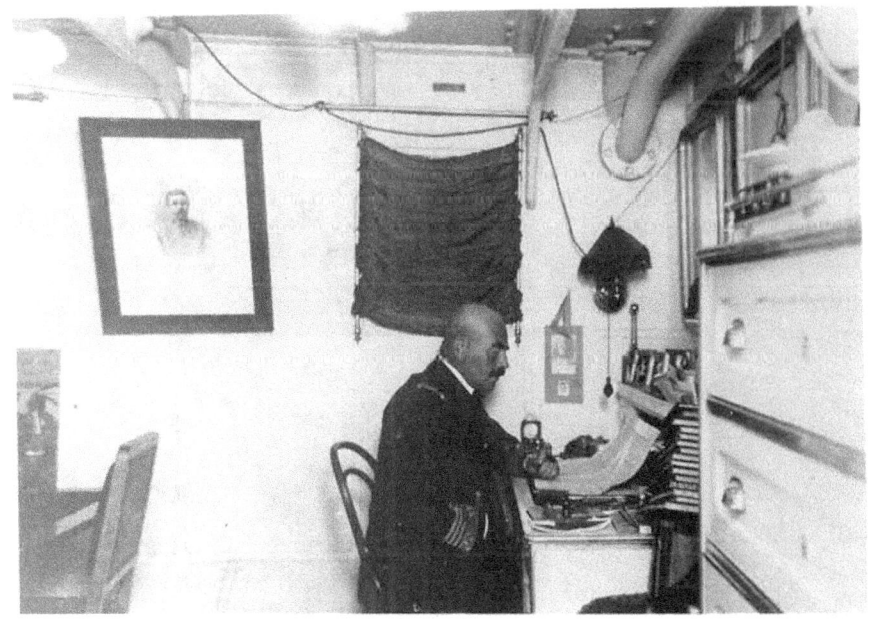

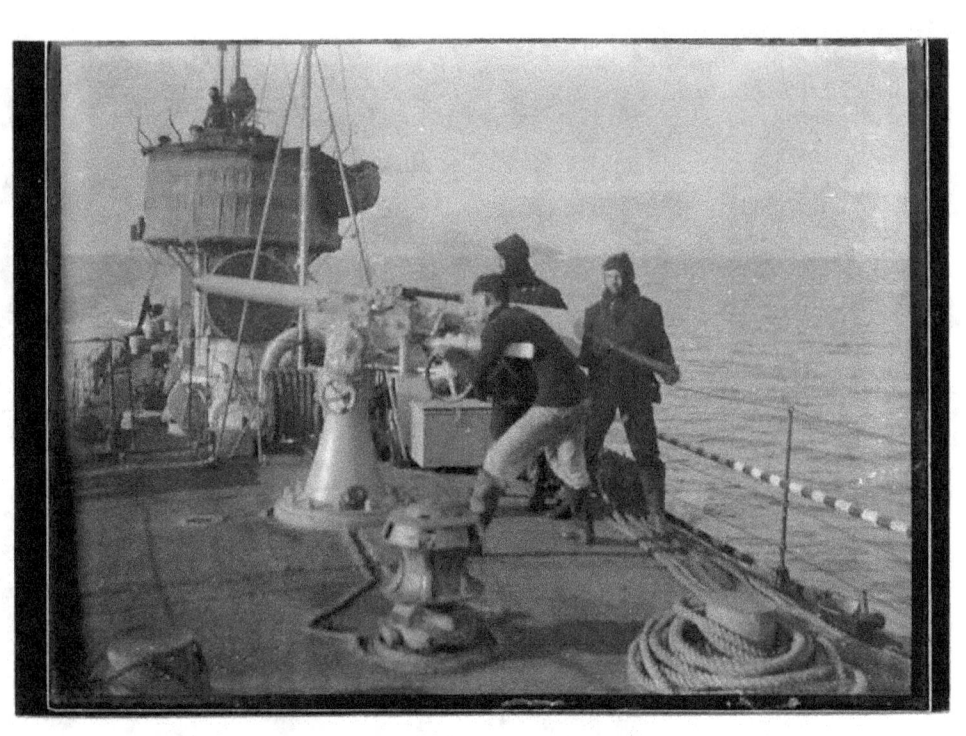

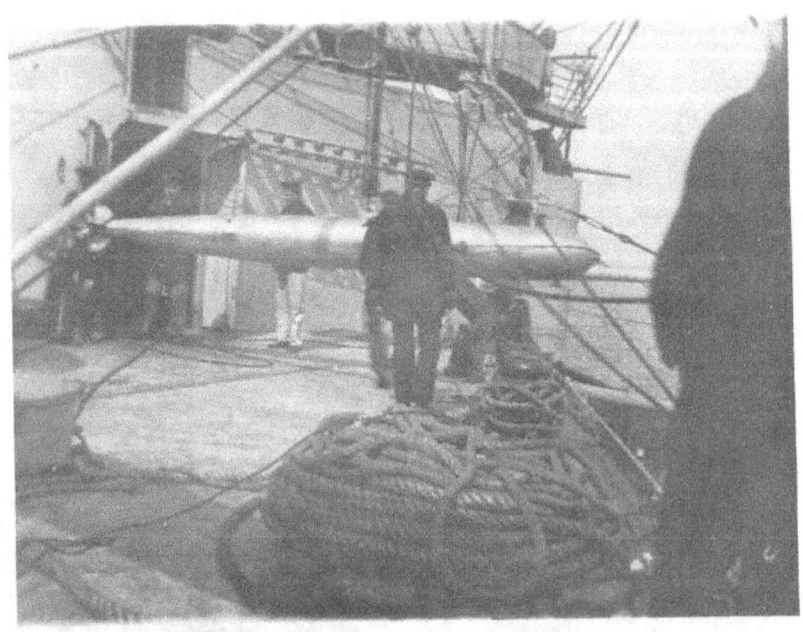

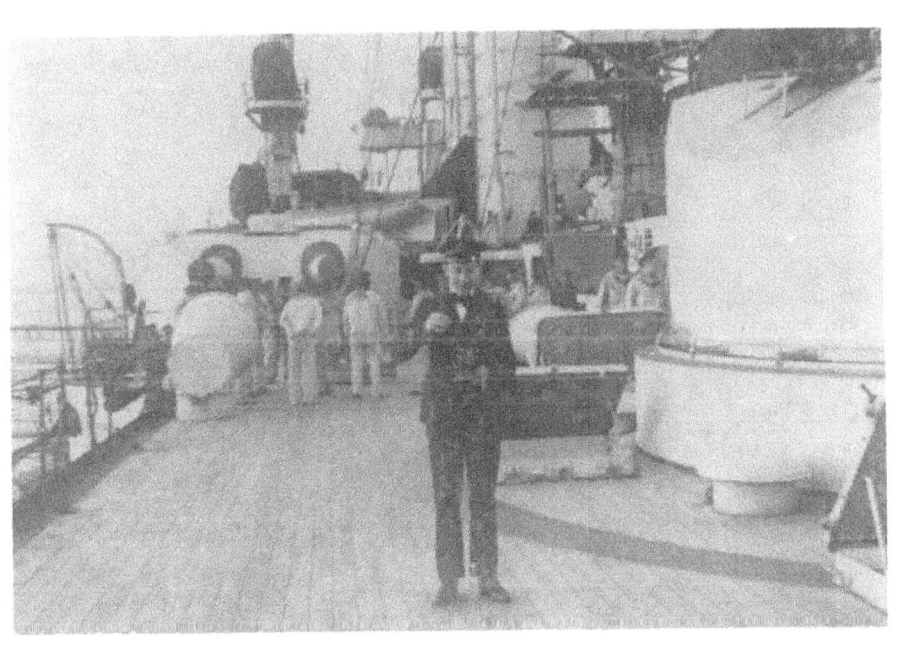

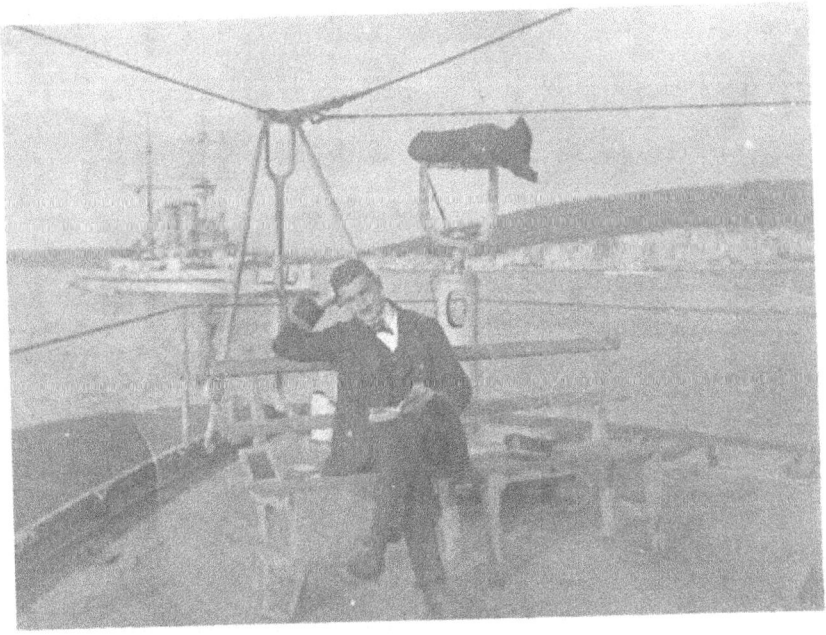

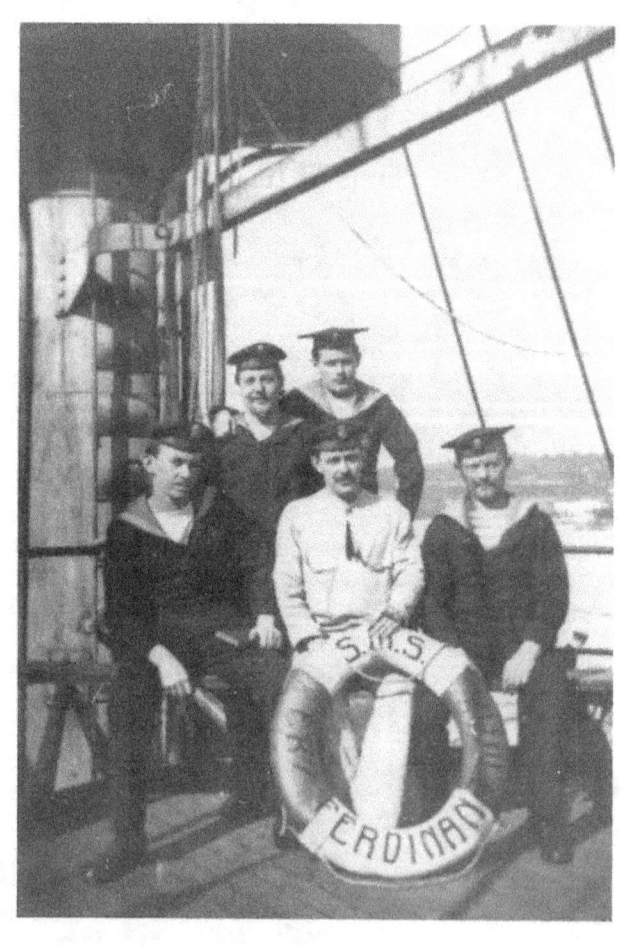

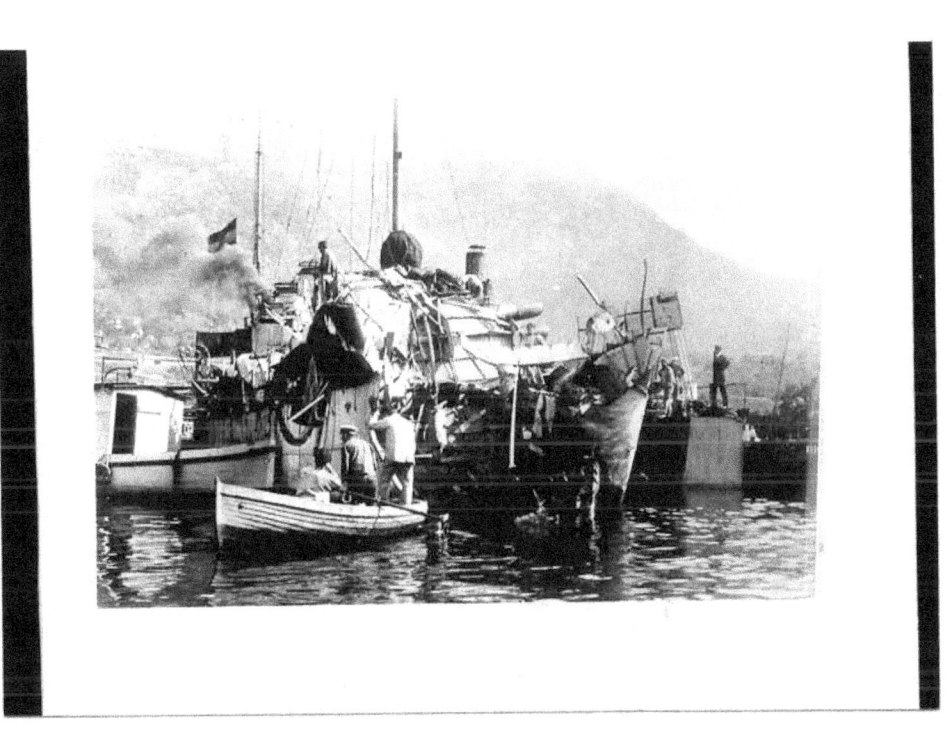

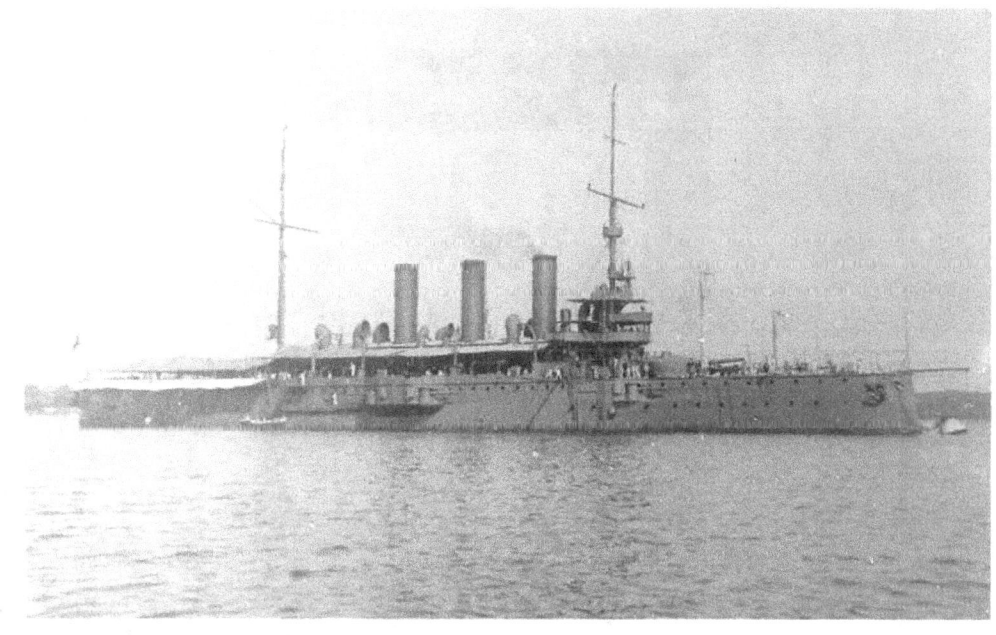

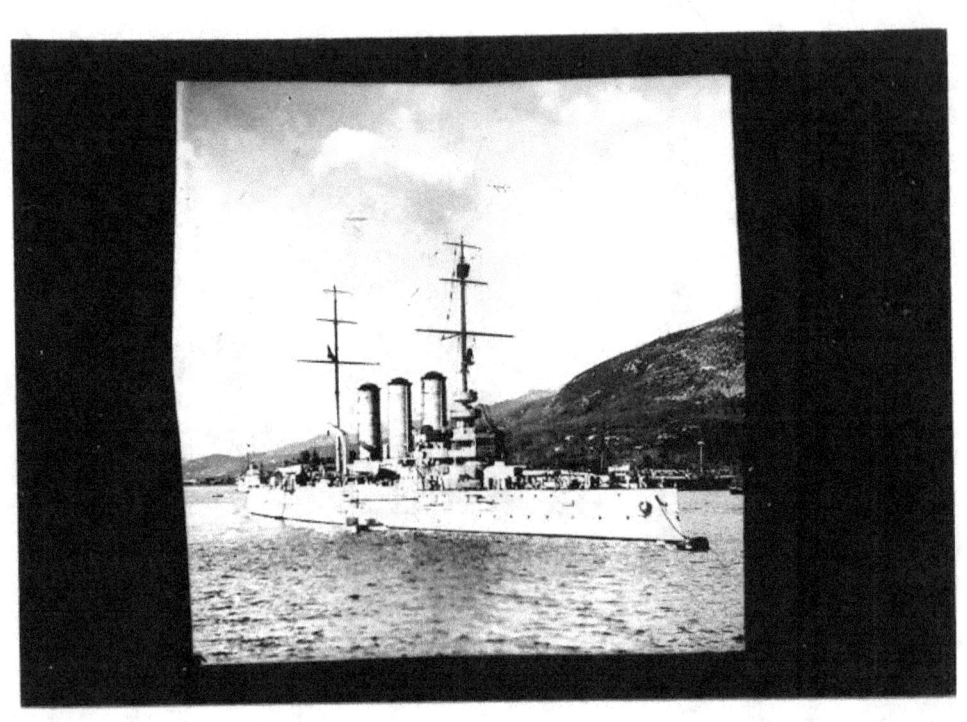

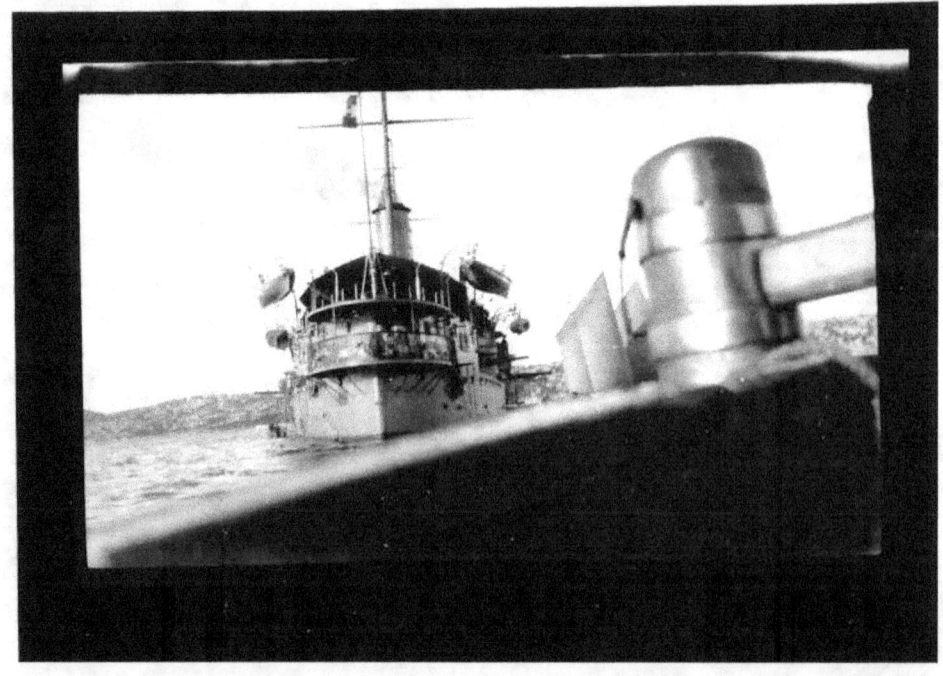

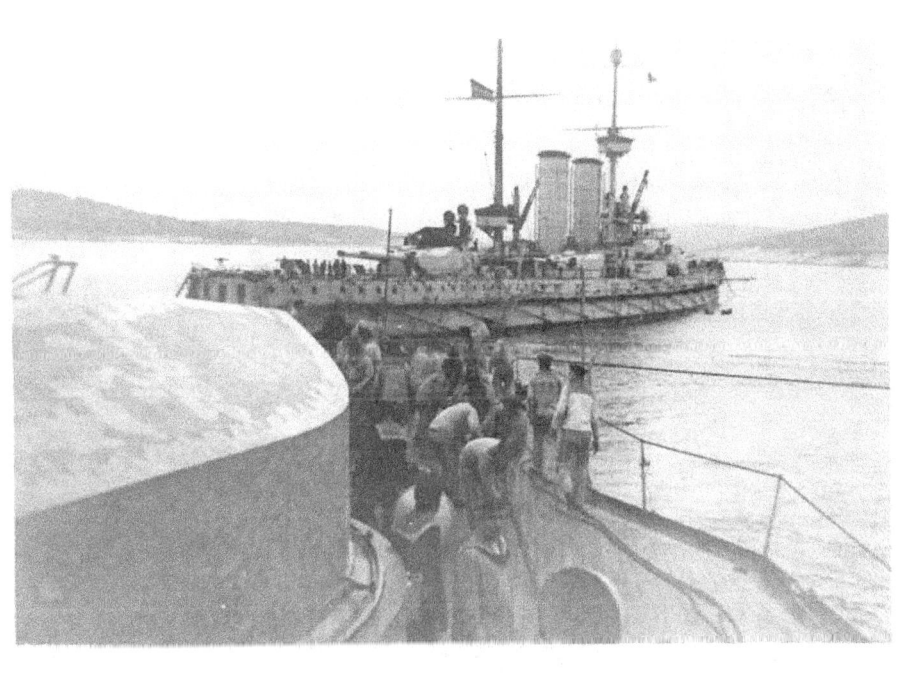

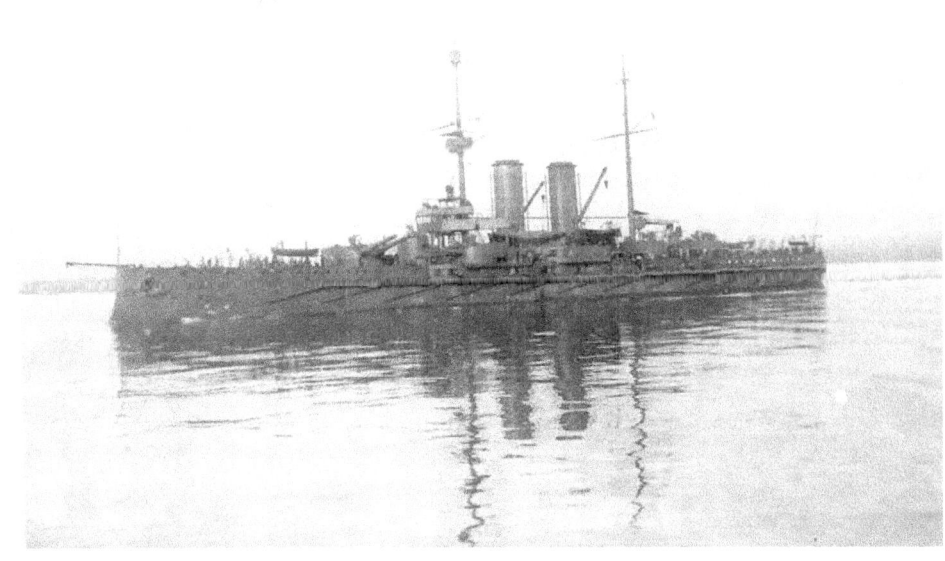

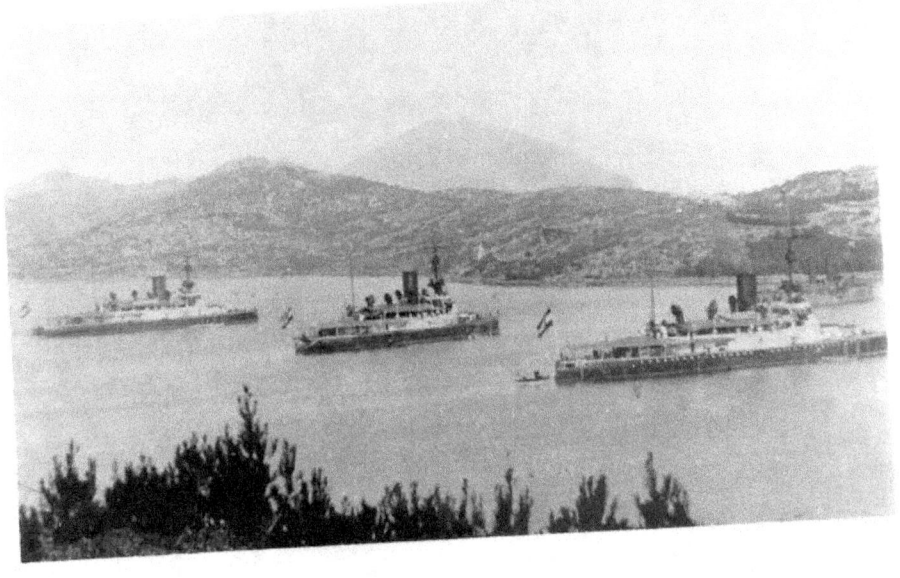

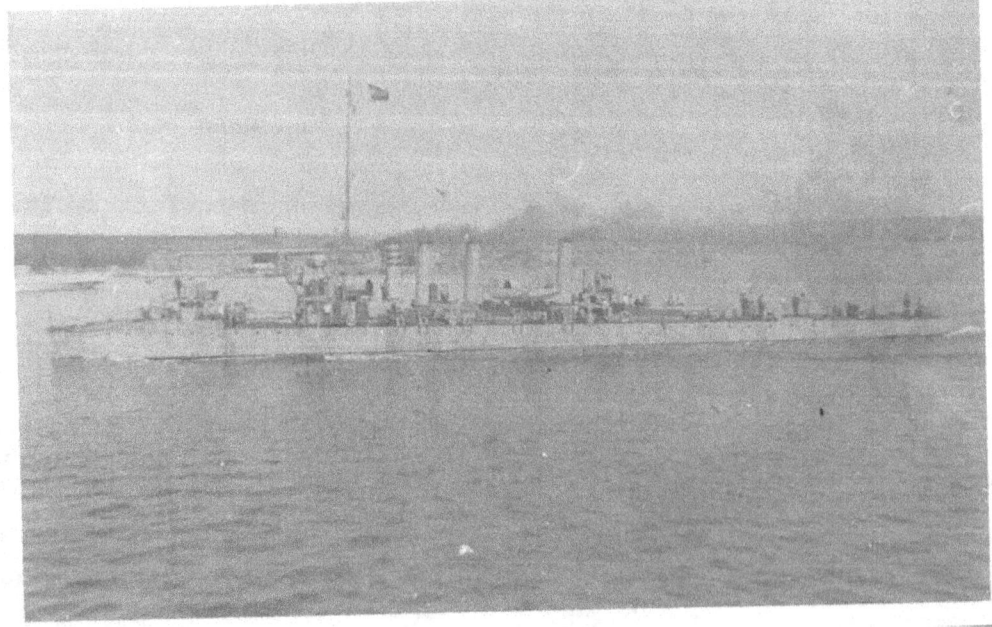

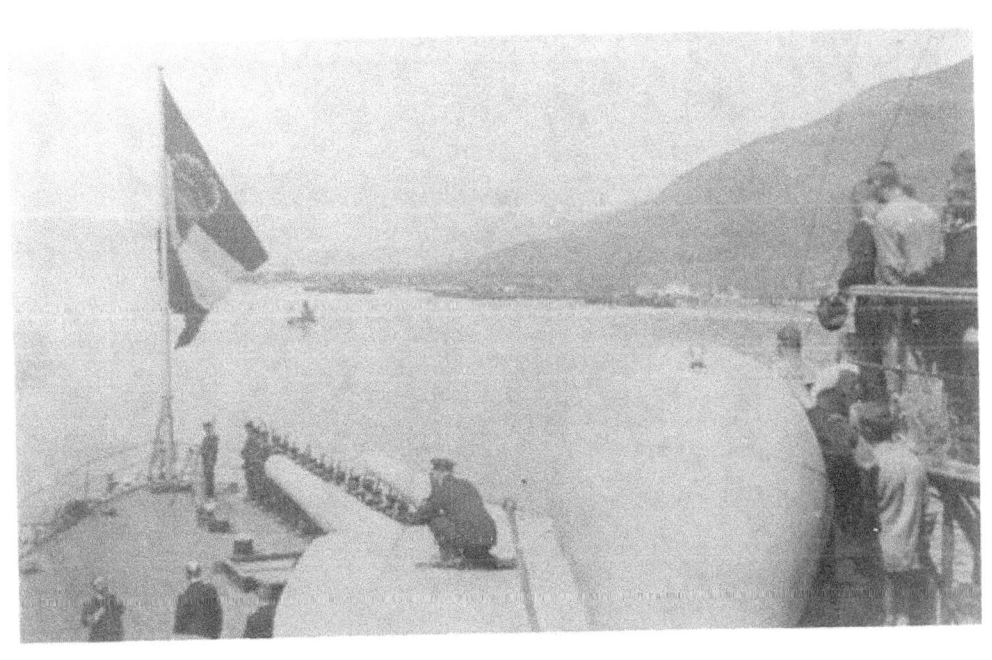

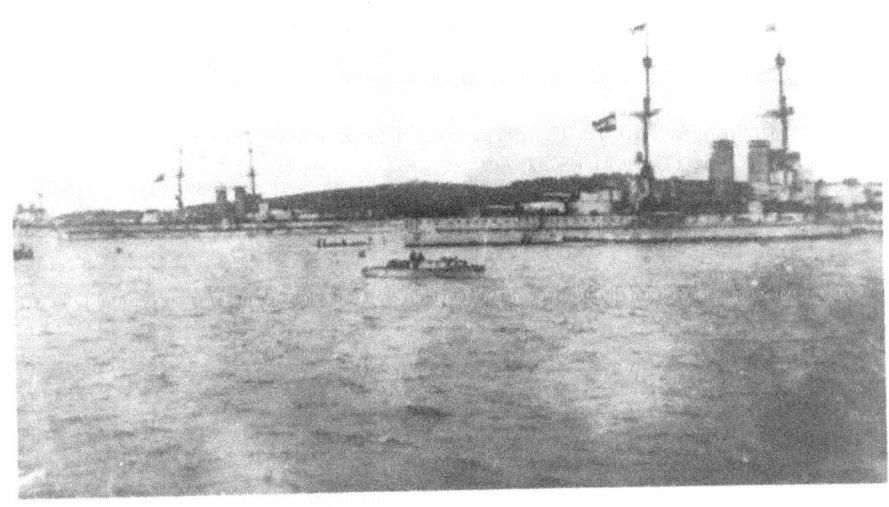

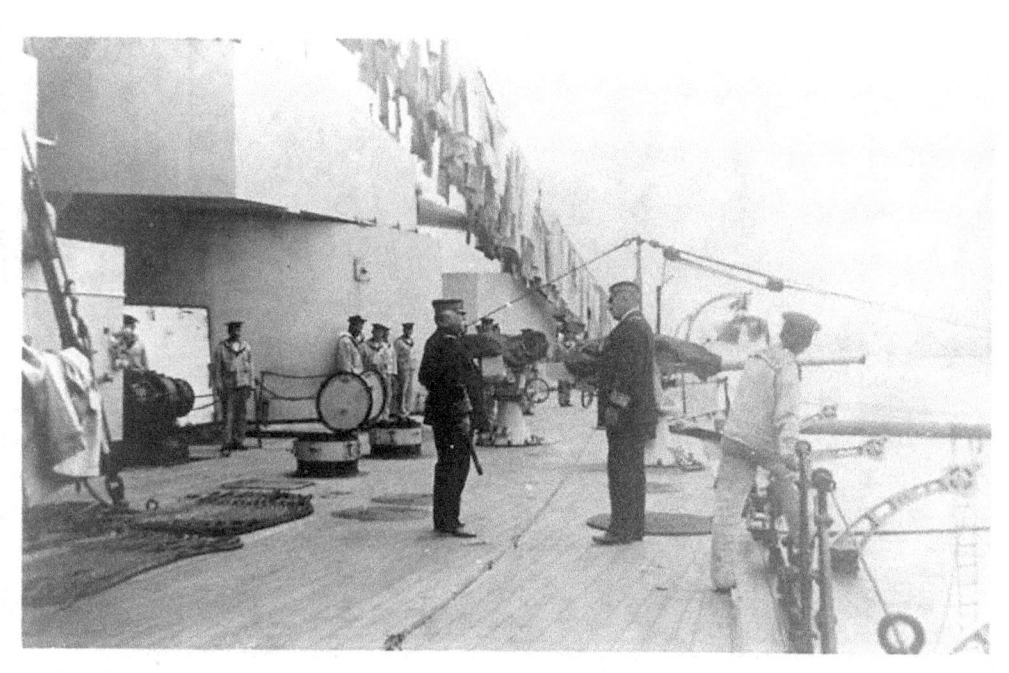

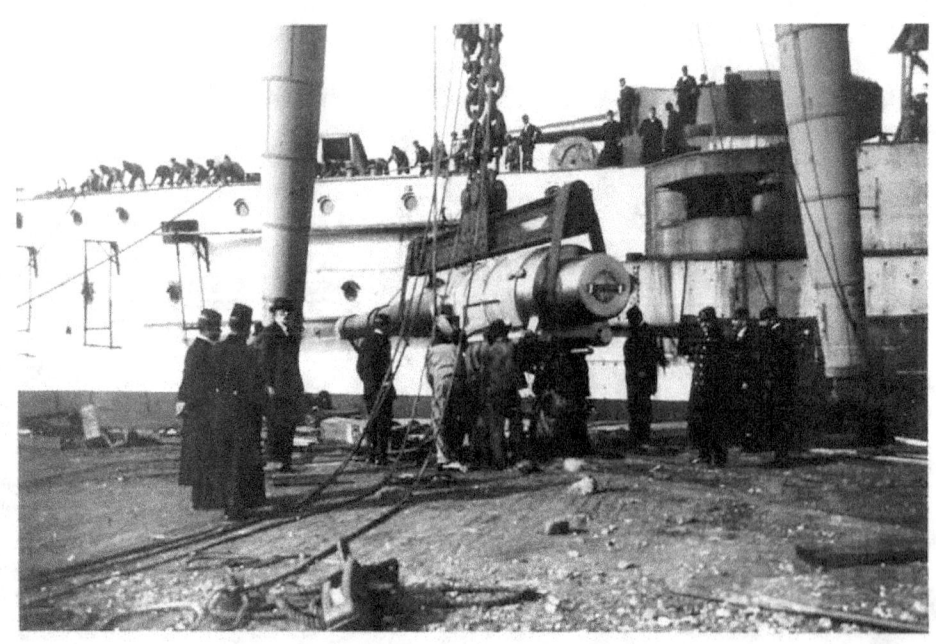

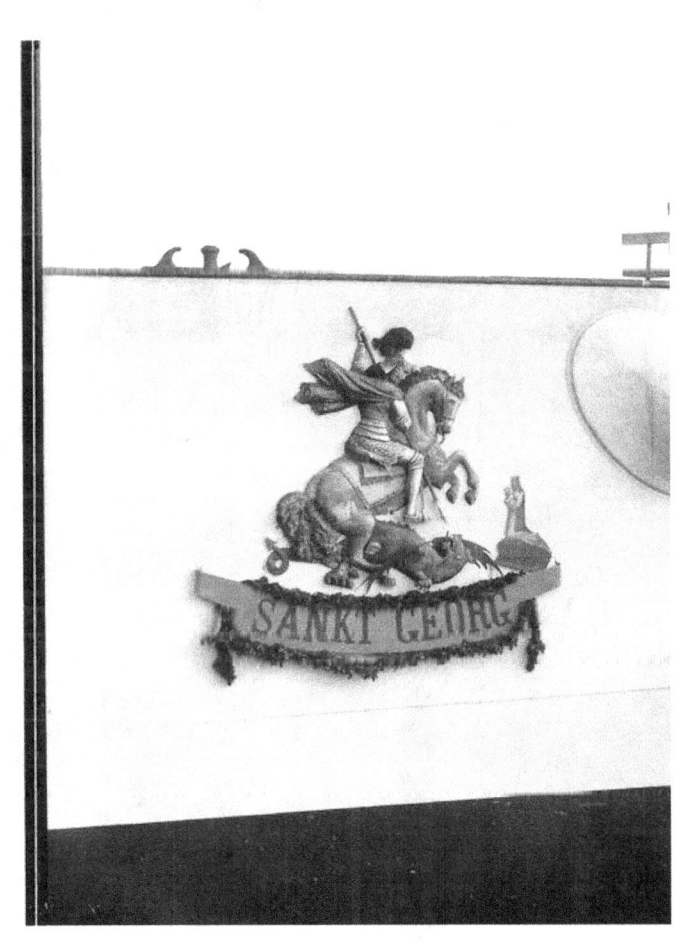

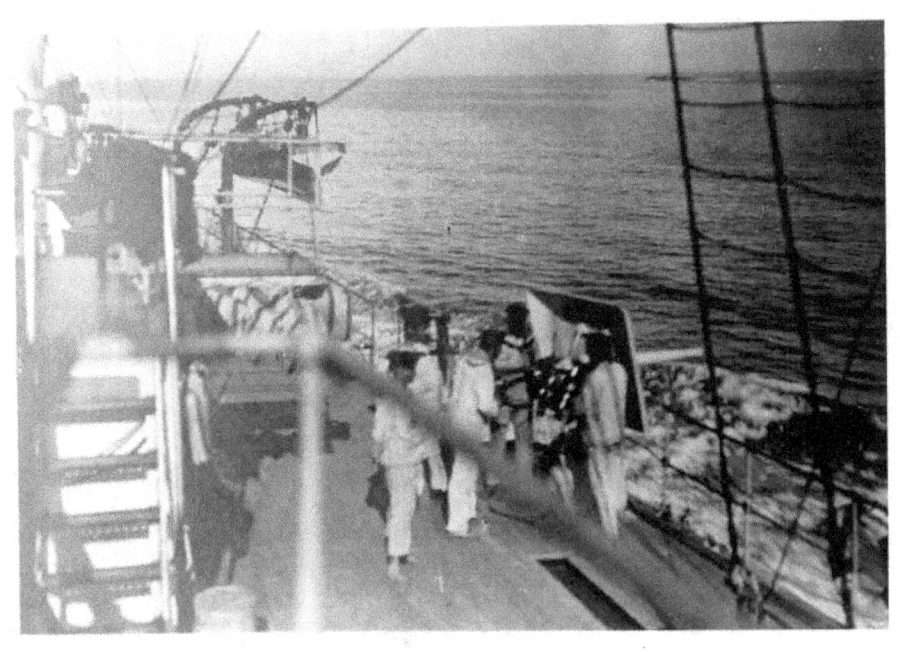

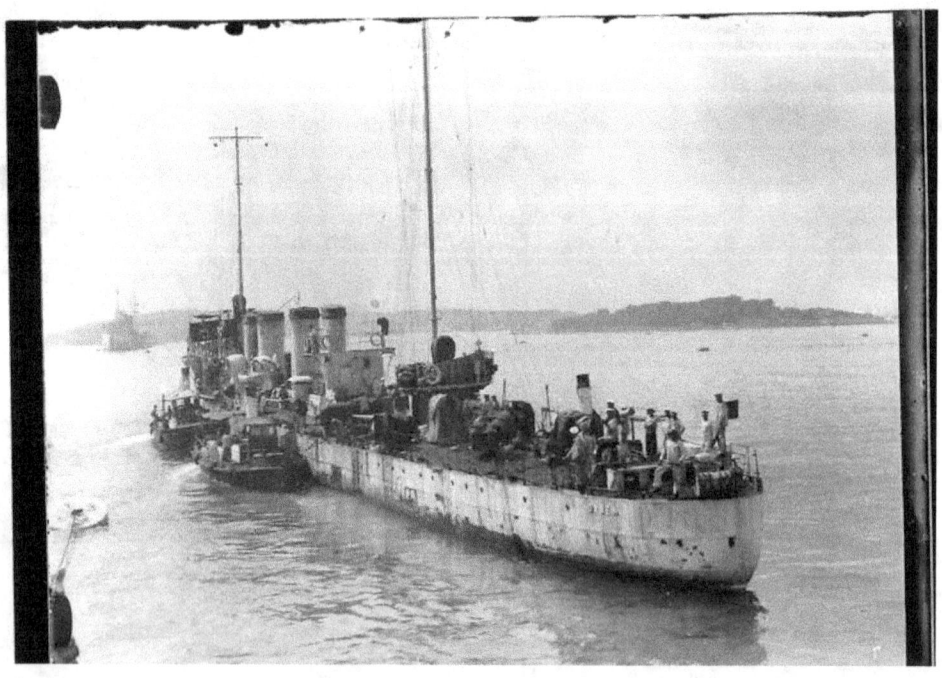

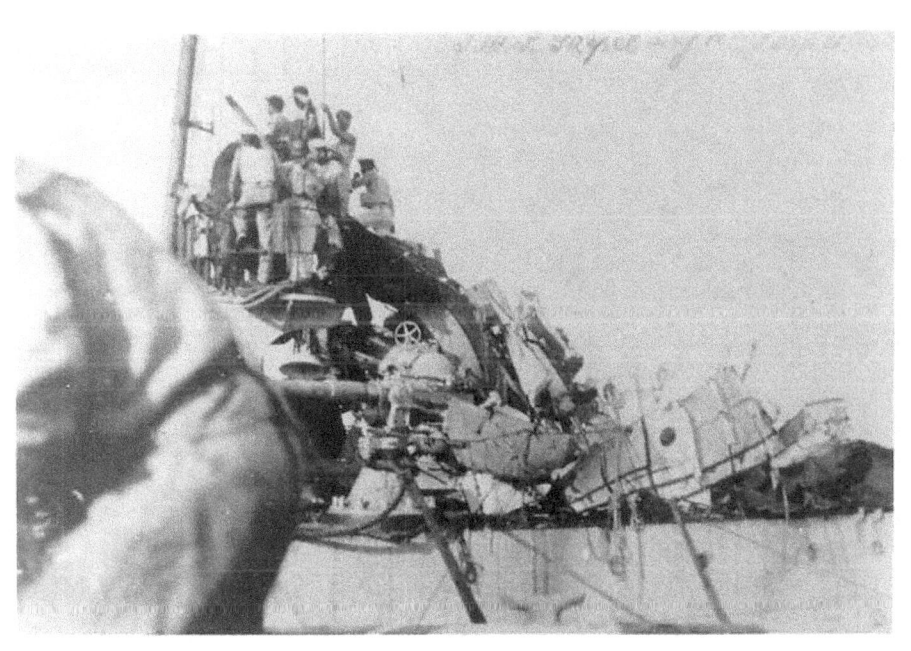

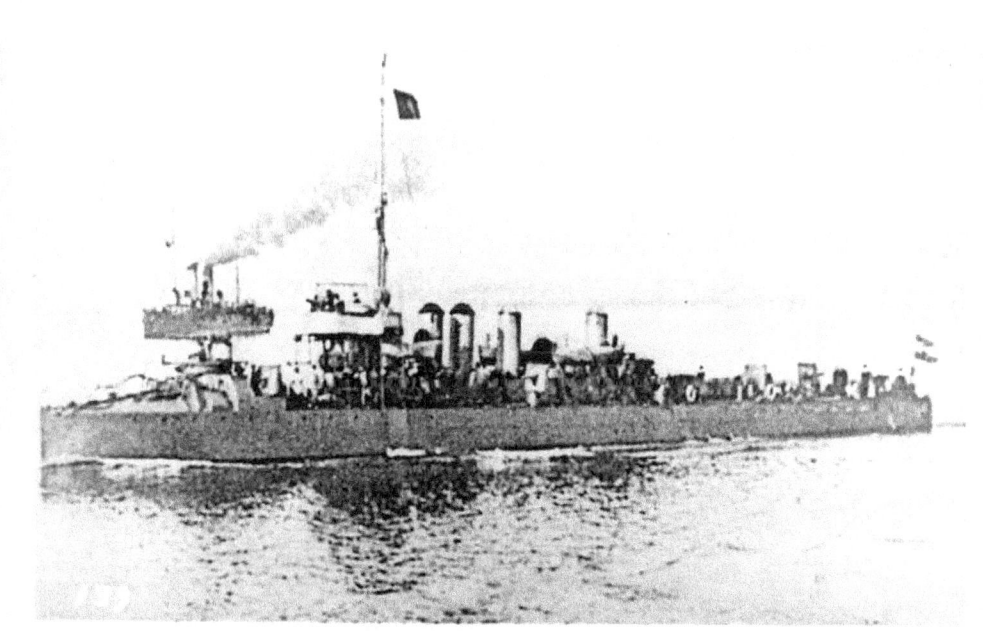

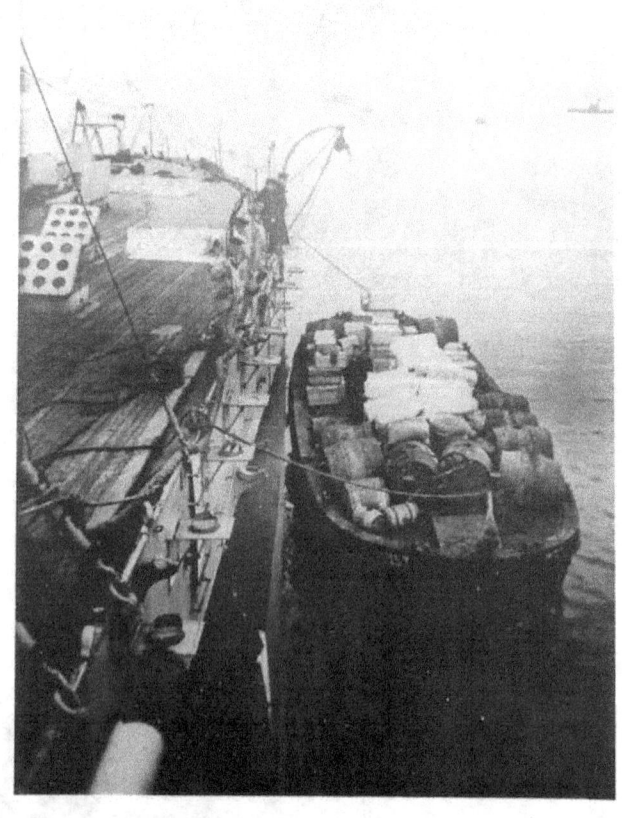

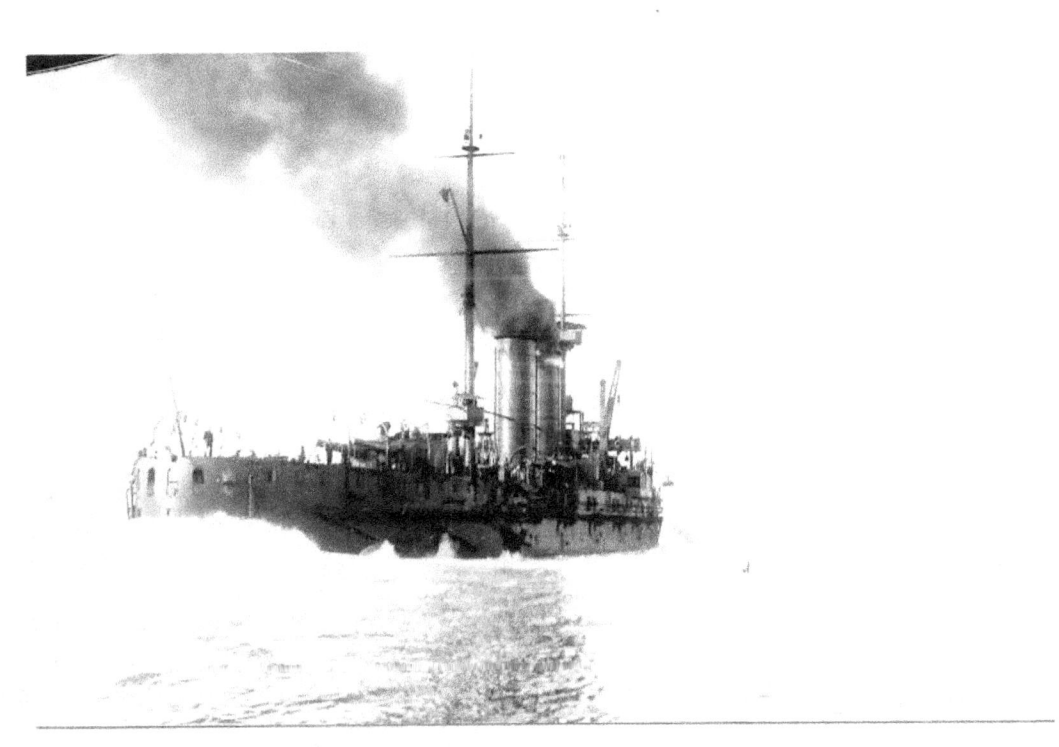

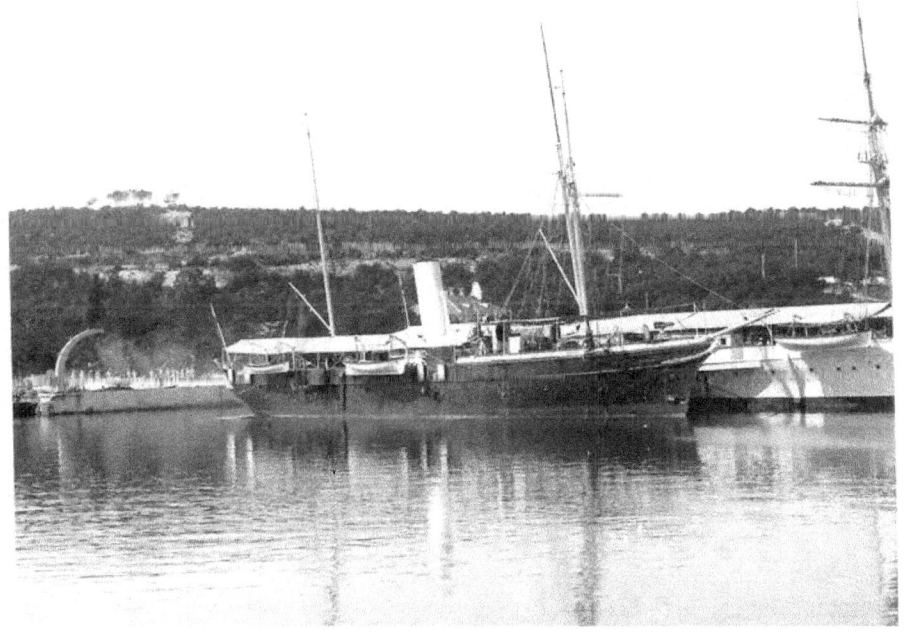

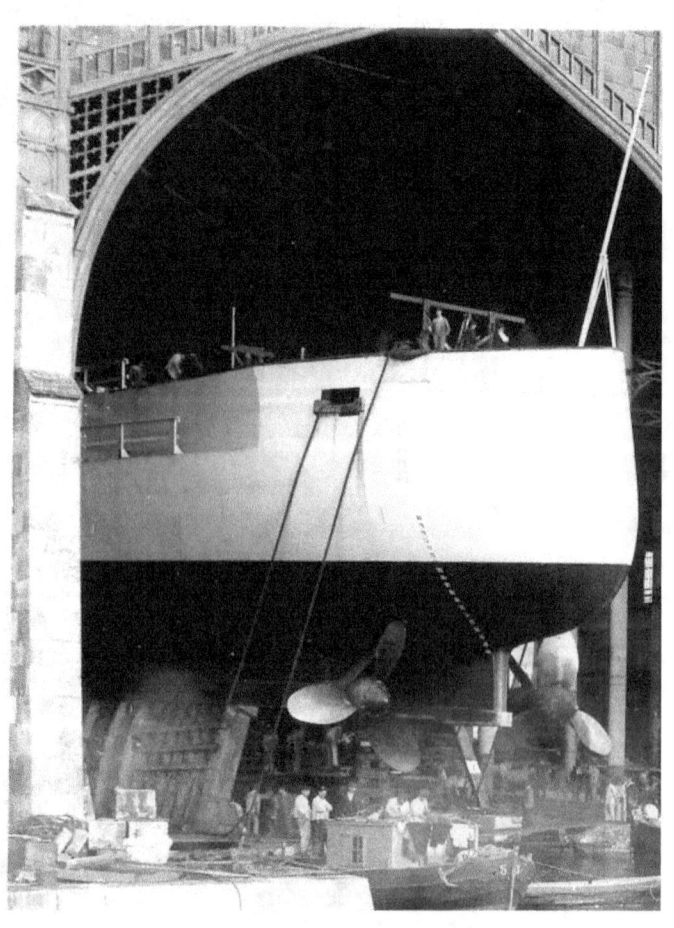

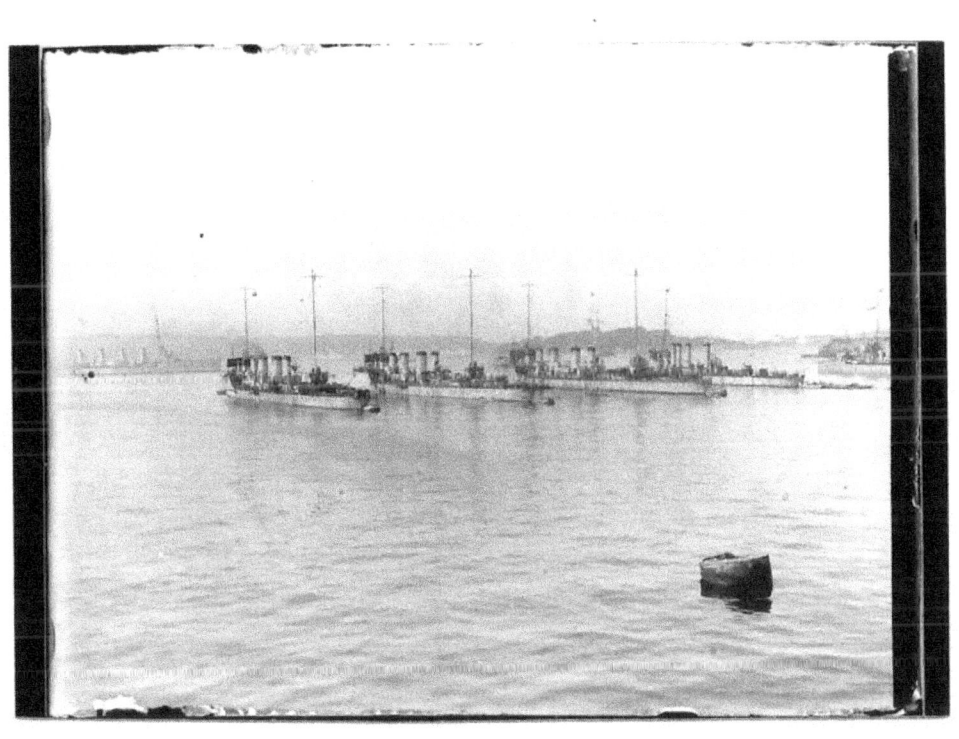

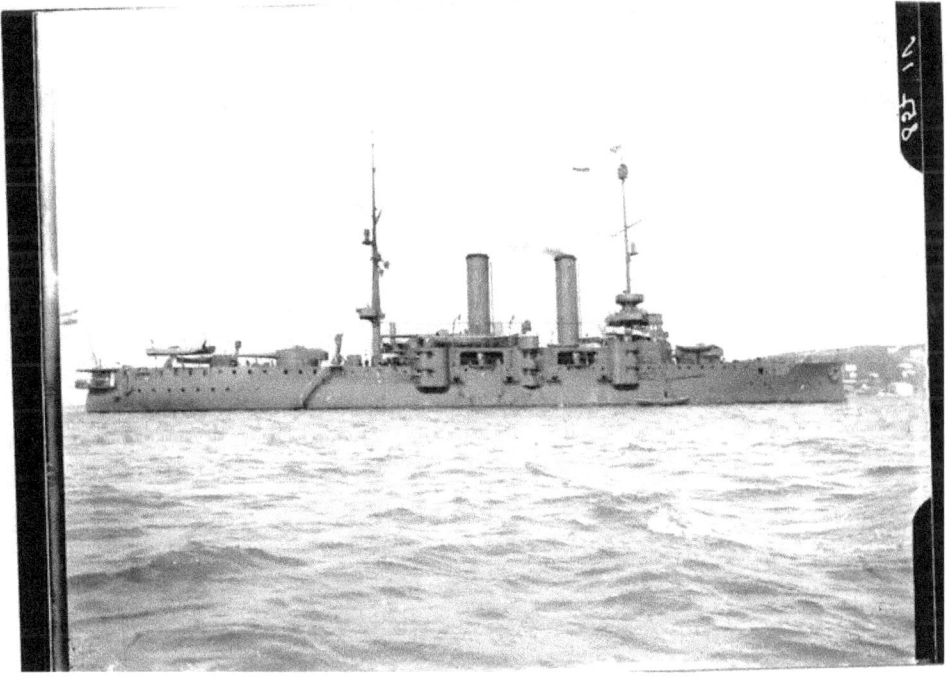

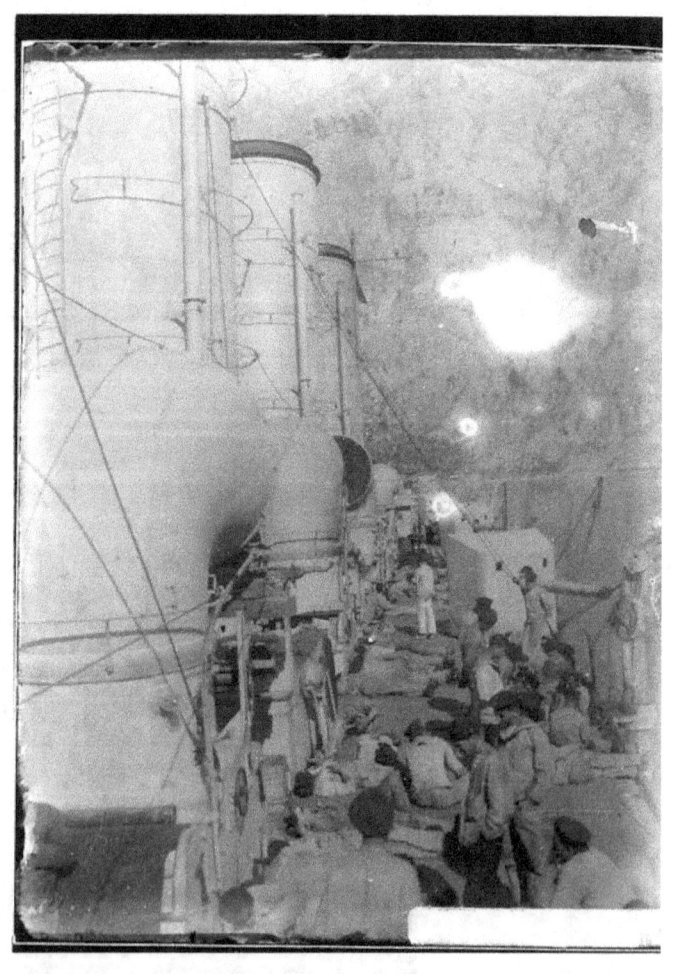

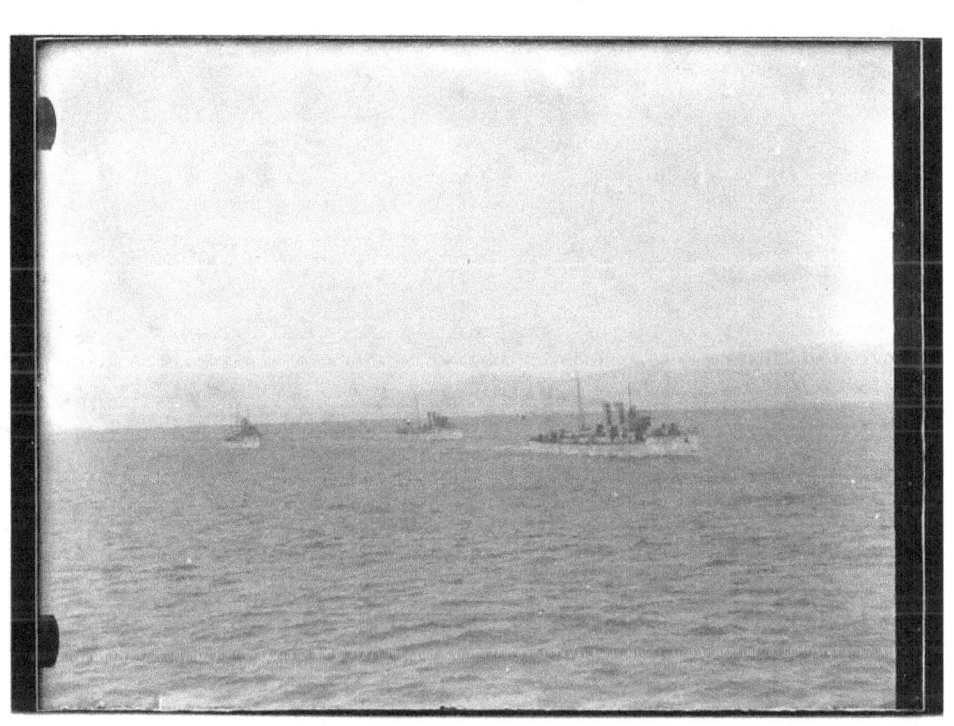

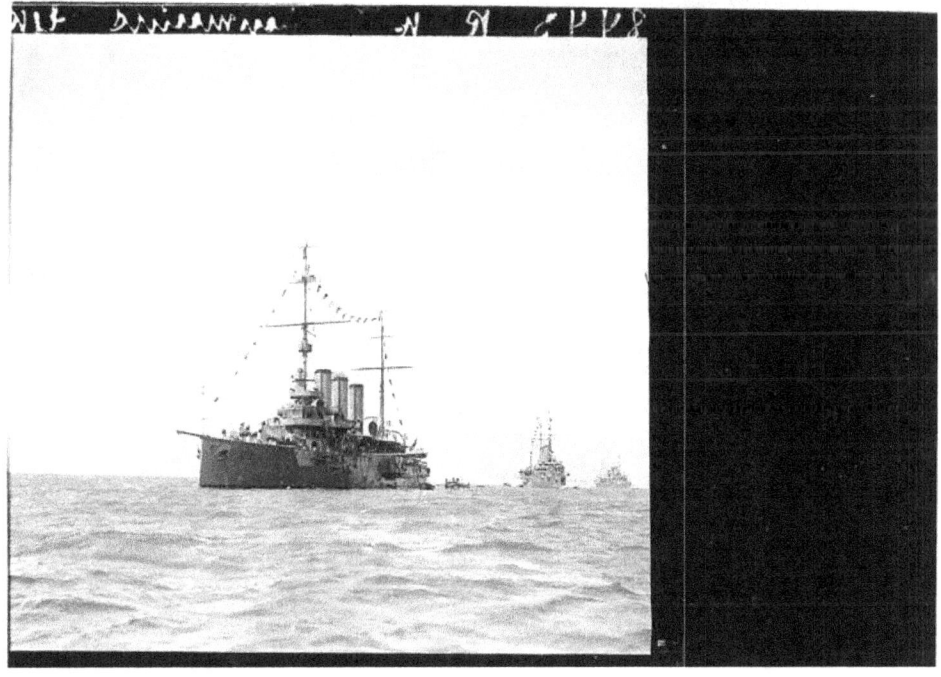

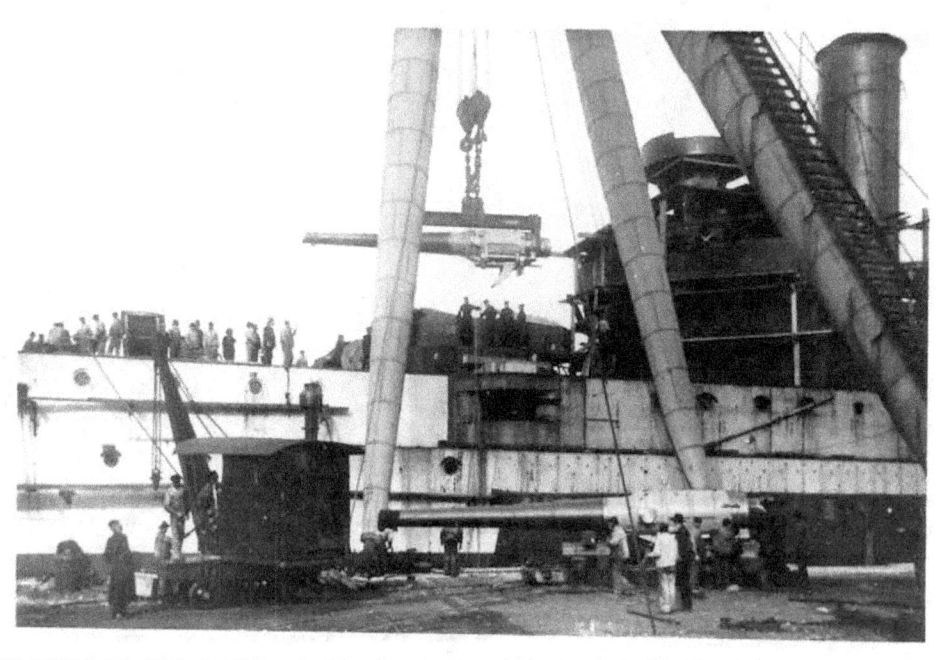

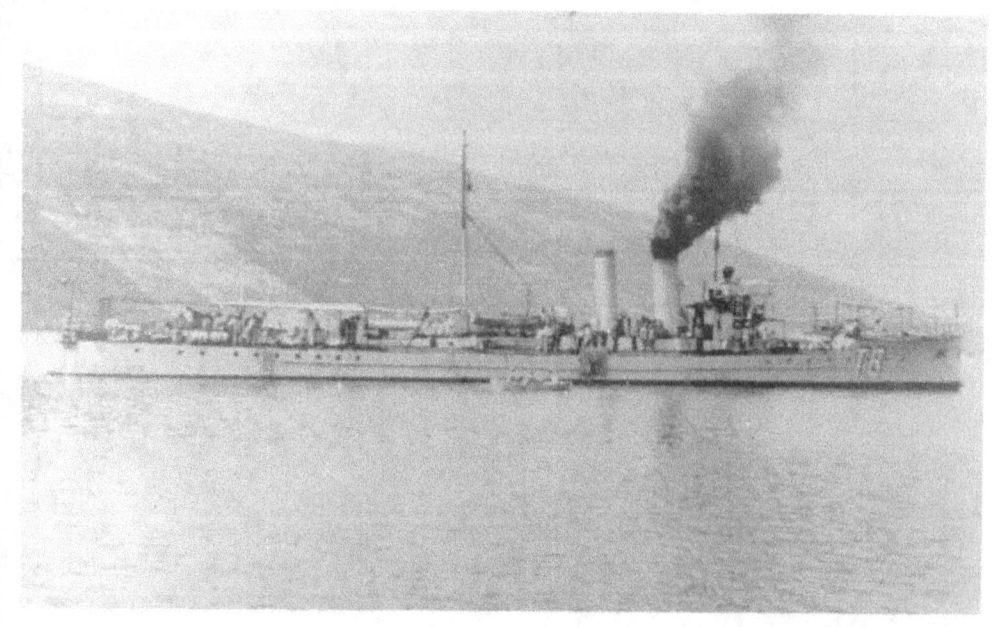

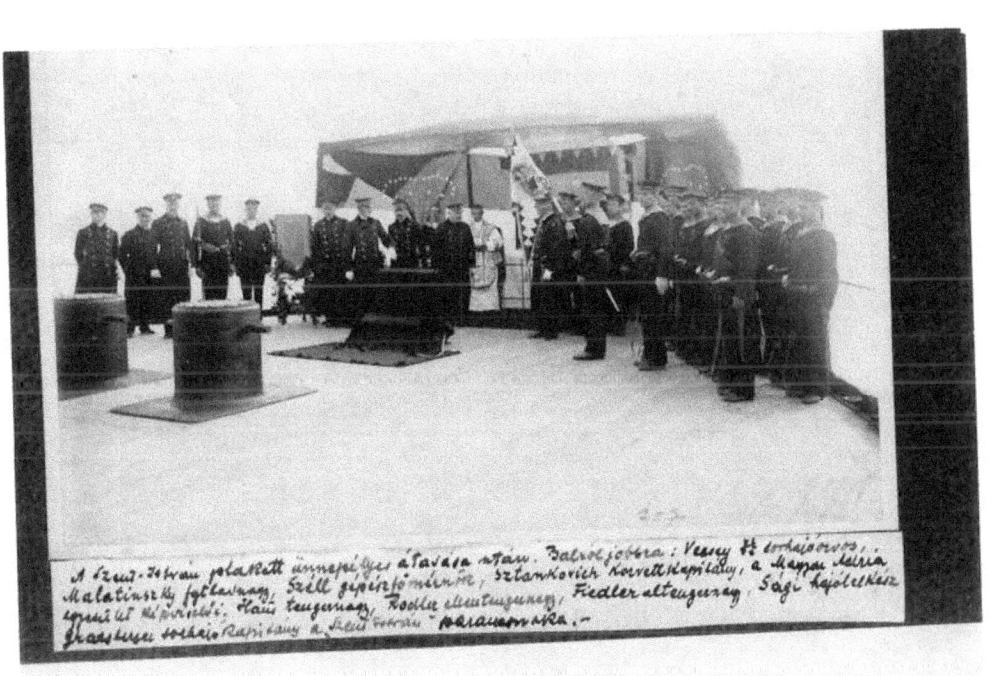

A Szent-István p总latott ünnepélyes átadása után. Balról jobbra: Vesny ?? torhajóorvos, Malatinsky ?főhadnagy, Széll gépészfőmérnök, szankovich korvettkapitány, a Magyar Ste??a együttest képviseli; Hans tengernag, Roedler altengernag, Fiedler altengernag, Sági hajóltbiz? Graestner tecchajó Rapitány a Szeutstván parancsnoka.-

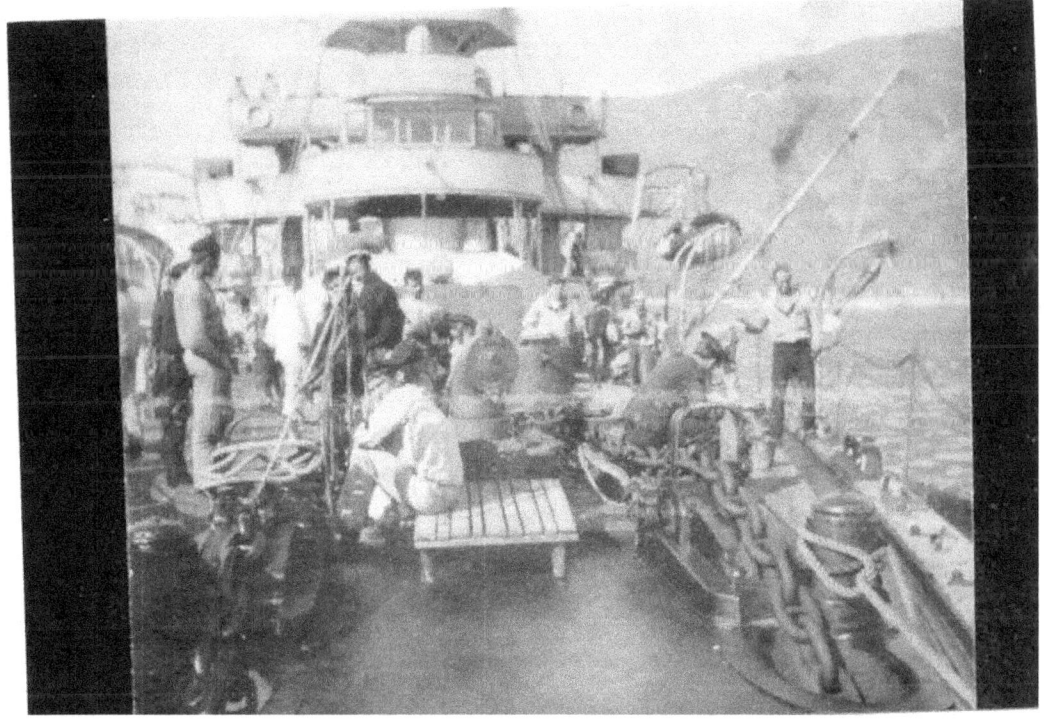

www.ingramcontent.com/pod-product-compliance
Lightning Source LLC
Chambersburg PA
CBHW080931170526
45158CB00008B/2246